PAROS

TEL.: 67 78 440-1, 67 74 662, FAX (01) 67 74 663
www.adam.gr
e-mail: adam.edition@adam.gr

TOURISTISCHER FÜHRER • INFORMATIONEN • LANDKARTE

PAROS

die weiße Insel der Kykladen

ΑΡΓΥΡΟΥΛΑ

INHALT

Paros, die weiße Insel

Mitten in der Ägäis, dort, wo die Gegensätze von Ost und West aufeinandertreffen, wo Mythen mit der Geschichte wetteifern, wo Meer und Land aneinandergeraten wenn der Sturm sie peitscht, dort liegen die Kykladen. Eine Ansammlung von Inseln, die ihren Namen von dem Wort „Kyklos" (Kreis) bekommen haben und die sich rund um die heilige Insel Delos gruppieren, als ob sie diese gegen jede Bedrohung schützen wollten.

Häuser und Kirchen in Paros leuchten blendend weiß im hellen Licht der Sonne.

Fast im Zentrum des Archipels herrscht die weißstrahlende Insel Paros. Die Insel des Dichters Archilochos und des Bildhauers Skopas, den begnadeten Künstlern der Antike, die Insel des durchscheinenden Marmors, aus dem die kykladischen Idole, der Hermes des Praxiteles und die Aphrodite von Milos geschaffen wurden.

Außer den charakteristischen Windmühlen wird Paros von kleinen, schneeweißen Siedlungen, einzelstehenden Kirchen, unter denen die Kathedrale Katapoliana herausragt, malerischen Klöstern, goldgelben Stränden, kleinen aber fruchtbaren Ebenen und schönen ländlichen Gegenden geprägt.

Dicht neben Paros liegt die kleine, idyllische Insel Antiparos mit ihren weißgetünchten Fischerdörfern, der eindrucksvollen Tropfsteinhöhle mit ihren Stalagmiten und Stalagtiten, den wunderschönen Stränden und dem durchsichtigen Meer.

Um Antiparos herum liegen in nur kurzem Abstand weitere Inselchen und Felseilande:

Despotiko, Saliagkos, Kabouras, Glaropounta, Tigani, Drionisi Kripsis, Filitsi, Biokastro, Reumatonisi.

Die Bewohner sind einfach, freundlich, bescheiden und von einem Leben

Die Hauptstadt von Paros, der schöne Ort Paroikia, erstreckt sich in der gleichnamigen Bucht.

gezeichnet, das bis vor kurzem noch hart und entbehrungsreich war. Die Herzlichkeit, mit der sie die Besucher empfangen, trägt wesentlich zum Eindruck bei, den man bei seinem ersten Besuch von der Insel bekommt.

Schöne Sandstrände, malerische Ansiedlungen und gastfreundliche Einwohner findet man auf Paros und der Nebeninsel Antiparos. Dies alles macht die beiden Inseln jeden Sommer zu einem beliebten Ziel für zahlreiche Gäste, die außer den wunderschönen natürlichen Gegebenheiten auch die menschliche Wärme der Gastgeber zu schätzen wissen.

Geographische Beschreibung

Das Kastro ist der malerischste Fleck von Paroikia. Auf seinem höchsten Punkt hebt sich die weiße Kirche Ag. Konstantin mit seinem blauen Trullo ab.

Paros ist die drittgrößte Insel der Kykladen, hat eine Fläche von etwa 200 Quadratkilometern, eine Küstenlänge von ca. 120 Kilometern und einen fast eiförmigen Umriß. Sie gehört zu den Zentralkykladen und ist von Piräus 95 Seemeilen und von Rafina 82 Seemeilen entfernt.
In der Mitte der Insel erhebt sich der mit 770 Metern höchste Berg Agioi Panton oder auch Agios Elias genannt, dessen Hänge in sanften Linien zum Meer hin abfallen und ringsum kleine Ebenen bilden, wie die von Naousa und Kamaro im Norden, von Marmara im

Osten, von Dryos im Süden und von Pounta im Westen. Die Küste ist flach gegliedert, Naxos und Siphnos sind die benachbarten Inseln. Im Norden liegt die große Bucht von Naousa, im Nordwesten die Bucht von Paroikia. Kleinere Buchten sind die von Alyki im Südwesten und die von Kephalos im Osten. Die Küsten im Norden und im Westen sind felsig, während die meisten Sandstrände im Süden und im Inneren der beiden Buchten von Naousa und Paroikia zu finden sind.

Der Inselboden ist felsig mit Kalksteineinlagerungen, aus denen der berühmte parische Marmor, auch "Lychnitis" (Ölleuchte) genannt, gewonnen wird. Der Name rührt noch aus der Zeit, als die Arbeiter mit Öllampen in die Stollen der Marmorbrüche gingen.

Obwohl Paros, wie auch die übrigen Inseln der Kykladen, seit dem Altertum seiner reichen Wälder beraubt wurde, haben sich die Weinberge, aus denen der bukettreiche, rote parische Wein gekeltert wird, erhalten.

Die landwirtschaftlichen Flächen liefern außer dem Wein noch Getreide und auf den kleineren Feldern, die sich vorwiegend im

Der Hafen von Paroikia schließt den Besucher schon von weitem in die Arme.

wasserreichen Nordosten des Inselinneren befinden, werden Obstbäume, Oliven und Gemüse angebaut. Ausgeprägt ist die Viehzucht und auch die Milchprodukte sind erwähnenswert.

Das Wetter von Paros ist gemäßigt. Die Winter sind mild und die Sommer nicht sonderlich heiß, was auf den vornehmlich im August wehenden Meltemiwind zurückzuführen ist. Dieser alljährliche Wind weht aus Nord bis Nordost und kann eine Stärke von bis zu 7 Beaufort erreichen.

Land und Leute

Auf Paros begegnet man den leuchtendweißen, kleinen Ansiedlungen, die charakteristisch für alle Kykladeninseln sind. Die weißgekalkten Wände kontrastieren mit dem Grün der Bäume und alles wird noch betont vom Blau der Ägäis und dem goldenen Licht der Sonne.

Kleine Erhebungen werden von den einfachen kykladitischen Trockenmauern begrenzt, die sich von einem Ende zum anderen quer über die Insel ziehen. Die fruchtbaren Hänge der Hügel sind mit kleinen Steinmäuerchen abgetreppt, die von den Mühen, der Sorge und den Hoffnungen der parischen Bauern auf eine gute Ernte zeugen.

Auf den Feldern und etwas höhergelegenen Lagen erheben sich weiße Kirchlein mit blauen oder weißen Trullos und Glockentürmen, weiße, malerische Klöster, vereinzelte Landsitze und kleine Ortschaften. Die Frauen scheuen keine Mühe, um die engen Gassen mit Geranien, Bouganvilla, Jasmin und anderen Kletterpflanzen zu verschönen, die den Abend mit ihrem Duft erfüllen.

Friedlich ist das Land, niedrig die Trockenmauern, sanft die Linien der Hügel und der Buchten und der parische Bauer strahlt die Ruhe aus, die ihm die Insel verleiht.

An windstillen Tagen sät er etwas Gerste oder Roggen, der den Bedarf seiner Familie und seines Viehs deckt, der Weinberg ist sein ganzer Stolz, den Wein keltert er nach althergebrachter Weise und die Olivenbäume versorgen ihn das Jahr über mit Öl.

Der Bauer mit seinen schwieligen Händen, der Fischer mit seinem wettergegerbten Gesicht und dem herzlichen Lächeln, die Hausfrau mit ihrem verhaltenen Gruß, der Junge, der mit aufgeweckter Miene in den engen Gassen spielt, der Pope mit seinem aufrechten Gang, sie alle verkörpern das, was die Bewohner von Paros auszeichnet: Nächstenliebe, Gutherzigkeit, Optimismus und Freundlichkeit.

Aber sie sind auch handelstüchtig.

Seit der Antike haben sie den berühmten parischen Marmor überall in die damals bekannten Welt geliefert. Die Lage der Insel im Zentrum der Ägäis ließ viele Eroberer über sie hinwegziehen und hatte zur

Paros ist durch Autofähren und Passagierschiffe (Katamarane) ständig mit Piräus und Rafina verbunden, in den Wintermonaten verkehren sie allerdings nicht so häufig.

Außerdem gibt es Schiffsverbindungen mit den übrigen Kykladen- und Ägäisinseln und eine Flugverbindung nach Athen.

Rechts: Das malerische Naousa ist der zweitgrößte Ort von Paros.

Folge, daß die Bewohner in der langen Geschichte zahlreichen Einflüssen unterworfen waren. Und das bis heute, denn auch der Tourismus hinterläßt seine Spuren in der Region. Sie haben es aber verstanden, ihre Eigenart zu bewahren, ohne sich deshalb von der Umwelt zu verschließen.

So zeigen sie uns heute noch ihre Mentalität als Inselbewohner, wenn

Die weißgetünchten Treppen und die schmalen Gassen, verziert mit Geranien und Basilikum. Lebensraum und Erholungsort der Nachbarschaft.

sie bei ihren "Panajiris" schmausen und ausgiebig ihre Feste und Hochzeiten feiern.

Sie sind freundlich zu ihren Besuchern, ohne sich ihnen anzubiedern, sie sind gastfrei und beherbergen sie. Über allem aber steht die Liebe zu ihrer Insel und wenn sie gezwungen sind anderswo ihr Glück zu suchen, bleibt ihr Herz doch immer in Paros.

Die Parier gehören zum Meer, für einige ist es auch ihr Beruf. Trotz der Mühsal zieht das Meer sie immer wieder an.

Die Geschichte der Insel

Die vorgeschichtlichen Jahre

DIE SALIAGKOS-KULTUR (5300 BIS 4500 v.Chr.)

Übereinstimmend mit den Berichten des wohl ältesten Geschichtsschreibers Herodot, waren die ersten Bewohner der Kykladen die Karer. Sie müssen die Inselgruppe während des Mesolithikum (ca. 7500 bis 6500 v. Chr.) besiedelt haben. In der darauf folgenden Periode, dem Neolithikum, lebten sie auf der Felsinsel Saliagkos, die sich zwischen Paros und Antiparos befindet. Auf diesem Inselchen, das nur 370 Meter von Antiparos entfernt ist, legten Archäologen die wohl älteste bisher bekannte Kykladenkultur frei, die zwischen 5300 und 4500 v.Chr. ihre Blütezeit gehabt haben muß.

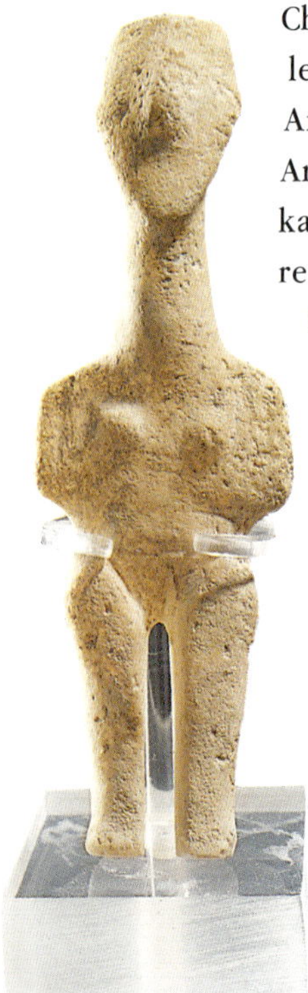

Die Ausgrabungen ergaben, daß sich diese prähistorische Siedlung aufgrund der geringen Ausdehnung der Insel (110 Meter Länge und 40 Meter Breite) über ihre gesamte Oberfläche erstreckt hatte. Da sich der Wasserspiegel aber seit dem Neolithikum bis heute um etwa fünf bis sechs Meter gehoben hat, ist es sehr wahrscheinlich, daß die Ausdehnung der Insel weitaus größer war. Es besteht ebenfalls die Möglichkeit, daß eine Landbrücke die Insel mit Antiparos verband, oder daß beide Inseln nur durch einen flachen Sund getrennt waren.

Die Insel Saliagkos muß mindestens während vier bis sechs Jahrhunderten ununterbrochen besiedelt gewesen sein und von 5300 bis 4500 v.Chr., also vom Ende der mittleren Jungsteinzeit bis hin zu der neueren jungsteinzeitlichen Periode stand sie in voller Blüte. Die hier entstandene Kultur war der Vorreiter

für die frühkykladische Kultur, die während tausend Jahren, von etwa 3200/3000 v.Chr. bis 2000 v.Chr. die übrigen Kykladen (Naxos, Milos, Kero -das Inselchen bei Amorgos- Siphnos) und natürlich Paros und Antiparos beherrschte.
Die Siedlung der Saliagkokultur war von einer Wehrmauer umgeben und ist das früheste Beispiel einer bewehrten Ansiedlung während der neueren Jungsteinzeit. Die Mauer, die Verteidigungscharakteristika aufweist, hat den nördlichen, westlichen und südlichen Teil der Siedlung umgeben. Ein Teil von ihr wurde durch die Rückwände der Häuser gebildet, wie es auch während der nachbyzantinischen Zeit auf den Kykladeninseln üblich war.
Die Fundamente der Mauern waren aus Stein und sie hatten wenigstens einen Turm. Die meisten Häuser hatten einen rechteckigen Grundriß. Das größte Gebäude hatte einen Grundriß von 4x4 Metern und besaß in Inneren eine Feuerstelle.
Auf Saliagkos wurden 25000 Obsidiansplitter gefunden, ein Teil davon gutausgebildete Werkzeuge und Pfeilspitzen, die in dieser Zeit gebräuchlich waren. Die meisten dieser Obsidiane stammen von Milos.
Die große Zahl der Werkzeuge, Klingen und Schliefer, die auf Saliagkos gefunden wurden, ließ die Forscher zu dem Ergebnis kommen, daß auf der Insel ein organisiertes Handwerk zur Bearbeitung von Obsidian betrieben wurde, dem Material, das dem steinzeitlichen Mensch als Waffe und Werkzeug diente.
Die Tatsache, daß diese wertvollen Steine in erster Linie aus Milos kamen, nur ein geringer Teil stammt von der kleinen Insel Giali bei Nisyros, beweist, daß die Bewohner von Saliagkos Kontakt zu diesen beiden Inseln hatten.
Von den Idolen der späteren Jungsteinzeit, die auf der Insel gefunden wurden, heben sich zwei besonders ab: Eine sitzende, steatopyge weibliche Gestalt mit vor der Brust gekreuzten Armen und eine „violinförmige" Idole (eine stilisierte Abbildung des menschlichen Körpers, die stark an eine Violine erinnert), beide aus weißem, feinkörnigen Marmor gearbeitet.
Außer den Idolen wurden auf Saliagkos noch kleine, menschenförmige Amulette aus Stein oder Marmor gefunden, deren Öhr auf den Verwendungszweck hinweist.

←
Plastiras-Idol aus einem Grab aus dem 3. Jahrtausend v.Chr. Paroikia, Archäologisches Museum.

Funde

Zu den bedeutendsten Funden, die auf dieser Insel geborgen wurden, zählen die berühmten Keramiken und die Marmoridole von Saliagkos. Die meisten Keramiken besitzen eine Öffnung, viele von ihnen haben einen hohen Fuß und erinnern an einen Kelch. Nur wenige von ihnen haben eine geschlossene Form. Sie sind dunkel eingefärbt und mit weißen Mustern, Reliefs, oder, seltener, mit Einritzungen verziert.

Tönerne Vase mit hohem Fuß und weißer Zierbemalung aus Saliagkos. 4. Jahrtausend v.Chr. Paroikia, Archäologisches Museum.

FRÜH- UND MITTELKYKLADISCHE ZEIT (3200 BIS 1700-1600 V.CHR.)

Paros, Antiparos und Despotiko waren auch während der drei Perioden der frühkykladischen Zeit, von 3200 bis 2200-2000 v.Chr., bewohnt. Die Insel Despotiko war während der frühkykladischen Zeit dicht besiedelt, das wird durch die Auffindung von Gräbern bei den Orten Tsoubari und Libadia bezeugt. Daß die Besiedlung auch in historischer Zeit noch Bestand hatte, zeigen die Auffindung eines antiken Tempels im dorischen Stil und römische Gebäude. Ganz Paros war während der ersten Periode der frühkykladischen Zeit bewohnt (etwa 3200 bis 2800-2500 v.Chr.), als die frühkykladische Kultur unter dem Namen "Pelos-Lakkoudon-Kultur" aufblühte. Aus dieser Epoche stammen auch die Gräber, die bei Abysso, Glyfa, Dryos, Panagia, Pyrgos, Kabos und am Strand von Plastiras, gegenüber von Naousa gefunden wurden.

Bei Pyrgos wurde auch das Vorhandensein von Besiedlung während der zweiten frühkykladischen Zeit (2700 bis 2200-2000 v.Chr.), der sogenannten "Keros-Syros-Kultur", nachgewiesen. Die Besiedlung von Pyrgos gehört der fortgeschrittenen zweiten frühkykladischen Periode an. Die Bauten waren rundförmig mit Fußböden aus kleinen Kacheln oder Steinen und Lehm. Die Dächer waren schräg, und mit einem Gemisch aus Stroh oder Schilf mit Lehm gedeckt.

Frühkykladisches Plastiras-Idol aus Marmor. Der ersten Hälfte des 3. Jahrtausend v.Chr. zugeschrieben. Paroikia, Archäologisches Museum.

Die nächste und letzte Periode der frühkykladischen Epoche, die dritte frühkykladische Zeit (etwa 2400-2300 bis 2000 v.Chr.), die als "Phylakopi-Polis-1-Kultur" bezeichnet wird, brachte die bedeutsame Bebauung von Paroikia hervor. In dieser Zeit sind die Häuser nicht mehr rundlich sondern rechteckig mit geraden Wänden. Die Besiedlung von Paroikia hatte auch in der folgenden Zeit bestand, der mittleren Bronzezeit, für die Kykladen die mittelkykladische Zeit oder auch die "Phylakopi-Polis-2-Kultur", die etwa von 2000 v.Chr. bis 1700-1600 v.Chr. dauerte.

Während der minoischen Zeit wurde Paros von den Kretern besiedelt, die einen Hafen von strategischer Bedeutung bauten. Nach den Kretern wurden die Achaier zu den Herren der Insel und die mykenische Kultur herrschte vor und löschte alle Spuren des vorhergegangenen minoischen Einflusses aus. Während dieser Epoche wurde Paros durch die minoische Siedlung vertreten, die man auf dem Hügel Koukounaries an der südwestlichen Küste der Bucht von Naousa entdeckte. Diese Siedlung hatte ihre Glanzzeit im 13. Jh.v.Chr., wurde 1200 v.Chr. zerstört, danach im 10.Jh.v.Chr. wieder besiedelt und muß wiederum vom 9.-8. Jh.v.Chr. bis 650 v.Chr. eine Blütezeit gehabt haben.

Tönerne Vase mit eingeritzter Verzierung aus dem 3.Jahrtausend v.Chr. Paroikia, archäologisches Museum.

DIE INSEL IN VORHISTORISCHER ZEIT, HISTORISCHEN QUELLEN ZUFOLGE

Geschichtliche Quellen berichten von dem Geschehen auf der Insel Paros in der Zeit nach 2100 v.Chr. Thoukydides führt an, daß vor dem Ende des dritten Jahrtausend v.Chr, also nach 2100 v.Chr. der König von Knossos, Minos, die Karer von Paros und den Nachbarinseln vertrieb und sie als Hegemonie seinen Kindern gab. Die gleiche Auskunft erhalten wir aus den Schriften des Apollodorou von Athen (2.Jh.v.Chr.), der über den Einfluß der Minoer auf die Insel berichtet und wahrscheinlich rühren aus dieser Zeit noch Ortsnamen wie der Name des Dorfes Elitas. Dementgegen berichtet Diodoros Sikeliotes (1.Jh.v.Chr.) von der kretischen Kolonisierung der Insel Paros durch den König Phaistou Radamanthy, der die Insel an seinen Sohn Alkaio gab. Von Stafano Byzantio (6.Jh.) ist zu hören, daß „Minoa" der alte Namen der Insel war.

Darüber hinaus verbindet Apollodorou die Insel Paros in seinem Bericht über die neunte Heldentat des Herakles eng mit der Insel Kreta. Übereinstimmend mit der Legende machte er in Paros halt, als er von Mythia aufbrach, um dem Eurytheas den Gürtel der Hyppolite, der Königin der Amazonen zu bringen. Auf Paros herrschten die vier Söhne des Minos: Eurymedondas, Chryses, Nemphalionas und Philolaos. Zwei Begleiter des Herakles wurden von den Söhnen Minos umgebracht als sie auf der Insel an Land gehen wollten um Wasser zu schöpfen. Erzürnt über die Schandtat, die zwei seiner Leute das Leben kostete, belagerte der Held die Insel. Daraufhin sandten die Parianer Unterhändler zu Herakles mit dem Angebot, er möge für seine beiden getöteten Leute zwei der ihren nehmen. Herakles willigte ein und löste die Belagerung und nahm zwei Söhne des Androgeos -der der Sohn von Minos war- den Thenelos und den Akaios mit sich nach Mythia. Weiterhin berichtet Apollodoros, daß König Minos, als er während seines Aufenthalts in Paros den Karyten huldigte, die Nachricht überbracht wurde, daß in Athen, während der Spiele, sein Sohn Androgeos von Aigeas getötet worden sei. Da der König seine Huldigung nicht unterbrechen wollte, nahm er den Kranz von seinem Haupt

Tönerner Trichterkrug aus der mykenischen Siedlung von Koukounaries mit eindruckvoller schnecken- und muschelähnlicher Bemalung. 12. Jh.v.Chr. Paroikia, Archäologisches Museum.

und befahl dem Flötenspieler, das Spiel einzustellen, um so sein Leid über den Verlust seines Sohnes zu zeigen. Von da ab huldigten die Parioten den Karyten ohne ihr Haupt zu bekränzen und ohne die Begleitung von Flötenspielern. Den Mord an Androgeos bezahlten die Athener mit einem Blutzoll an die Minoer. Jedes Jahr mußten sie sieben Knaben und sieben Jungfrauen nach Knossos senden, die dort vom Minotaurus verschlungen wurden.

Historische Zeit

MYKENISCHE, GEOMETRISCHE UND ARCHAISCHE PERIODE (1100 V.CHR. BIS 6.JH.V.CHR.)

Zu Beginn des ersten Jahrtausends (um 1000 v.Chr.) wurde die Insel von Arkadern kolonisiert, deren Anführer Paros der Insel auch seinen Namen gab. Wenig später ließen sich auch die ersten Ioner unter der Führung von Klytio und Mela auf der Insel nieder. Arkader und Ioner arbeiteten Hand in Hand und so gelangte Paros zu großer Handelskraft. Die Landwirtschaft blühte auf und der Handel mit Marmor konnte sich kräftig entfalten. Das führte dazu, daß die Parier mit den um sie herumliegenden Völkern und ihren Einflüssen in Berührung kamen, und so zu einer beträchtlichen Wirtschaftsmacht wurden.
Etwas später, im 8.Jh.v.Chr., brachen auf der Insel gesellschaftliche Kämpfe aus, die eine Oligarchie zur Folge hatten.
Als Ergebnis davon wurden Kolonien errichtet, wohin sich die unterlegenen Demokraten flüchteten. So wurde zu Beginn des 7. Jh.v.Chr. die Insel Thasos kolonisiert und damit begann, wie der Dichter Archilochos deklamierte, das Verhängnis der Panhellenen. Denn die Auswanderer waren nicht nur arm, sondern auch heimatlos und waren daher genötigt, sich des Reichtums der neuen Gebiete zu bemächtigen. Wenige Jahrzehnte nachdem Thasos zur Kolonie wurde, wurde dem Thaser Saion zufolge nach schweren Kämpfen auch die gegenüberliegende Küste von Mazedonien, die damals Thrakien hieß, kolonisiert: Galipsos, Oisyme und Stryme (etwa um 650 v.Chr.), Neapoli -bei dem heutigen Kavalla-(ca. 625 v.Chr.), Dato und Skapte_Yle am Ende des 6.Jh.v.Chr. und schließlich Pario in Propontien.

Das 7. Jh.v.Chr. war bedeutend für das geistige Leben von Paros, denn es wurde der berühmte Lyriker Archilochos auf der Insel geboren, der, nach A. Bonnard, "der älteste der großen Lyriker Europas war."
Etwa um 600 v.Chr. begann Paros Münzen zu schlagen. Ihr Aufstieg

brachte Zusammenstöße mit der Nachbarinsel Naxos um die Vorherrschaft in der Region mit sich. Die Kriege zwischen den beiden Rivalen überschatteten einen großen Teil des 7.Jh.v.Chr. An den Feldzügen gegen Naxos nahm auch Archilochos teil und bei einem von ihnen ließ er sein Leben.

Ab dem zweiten Viertel des 6.Jh.v.Chr. nimmt auf Paros die Bildhauerei ihren Aufschwung. Paros entfaltet sich zu einer bedeutenden Schule in dieser Technik und wird eines der bekanntesten Zentren der Plastik in der antiken griechischen Welt.

Klassische, hellenistische und römische Epoche (5. bis 4. Jh.v.Chr.-395 nach Chr.)

Während der Perserkriege zeigt sich die Oligarchie von Paros auf Seite der Perser. 490 v.Chr. entsenden die Parier eine Triere zur Unterstützung der persischen Flotte, plünderten zusammen mit den Persern Eritrea und traten auch für sie bei der für die Griechen so wichtigen Schlacht von Marathon (490 v.Chr.) ein, wo sie allerdings von den Athenern besiegt wurden. Nach aufeinanderfolgenden Niederlagen der Verbündeten der Perser, mußten sie sich eines Angriffs der Athener Flotte unter der Führung von Miltiades erwehren. Der gewagte Angriff der Athener gegen Paros und die übrigen Kykladen scheiterte und Miltiades wurde zur Zahlung der damals ungeheuren Summe von 50 Talenten verurteilt.

Der zweite Athener Angriff unter Themistokles verlief glücklicher. Die Bewohner von Paros mußten sich den Athenern unterwerfen, die es auf den Reichtum der Parier abgesehen hatten.

So wurde die Insel Mitglied des Attisch-delischen Seebundes und zahlte einen Tribut von 16 Talenten. Nach der Aufreibung der Athener im Peloponnesischen Krieg 404 v.Chr. geriet Paros unter die Herrschaft der Spartaner. 378 v.Chr. verbündete sich Paros wiederum mit den Athenern und wurde Mitglied des Zweiten Attisch-delischen Seebundes, vom dem es kurz darauf, 357 v.Chr. wieder abfiel.

Während der klassischen Periode war der feinkörnige, durchscheinende Marmor aus den Marmorbrüchen östlich von Paroikia die ökonomische Grundlage der Insel. Er war das begehrteste Material im griechischen Raum und wurde ebenso für architektonische wie auch für bildhauerische Zwecke gebraucht. Aus parischem Marmor war der Apollotempel in Delos, das Heiligtum der Demeter und das Asklepeion in Paros erbaut, der Hermes des Praxiteles und die Aphrodite von Milos waren aus ihm gemeißelt. Die Bildhauerei begann sich durch Vertreter der Insel auszuzeichnen, wie Skopas und Agorakritos, beides Schüler des Phidias. In dieser Zeit blühte auch das Heiligtum des Asklepios, zu dem Kranke aus ganz Griechenland kamen, um sich heilen zu lassen.

Der Hermes von Praxiteles. Olympia, Archäologisches Museum.

338 v.Chr. wurde Paros von den Mazedonern unterworfen und später geriet die Insel für viele Jahre unter die Herrschaft der Ptolemäer. Später geriet es bis 145 v.Chr. in die Hände von Mithridates, dem König der Ponter, danach fiel es an die Römer, ohne jedoch den gleichen Niedergang zu erleben wie die meisten Inseln der Ägäis. Die Bildhauerwerkstätten wurden bis zum 3. Jh. nach Chr. weiterhin betrieben, ein Beweis, das Paros auch nach 145 v.Chr. eine Blütezeit hatte. Die Gründung dcr Katapoliani zeigt, daß die Insel auch nach Einführung des Christentums eine gute ökonomische und kulturelle Grundlage besaß.

VON BYZANZ BIS ZUR NEUEREN ZEIT (AB 395 NACH CHR. UND WEITERHIN)

Schon ab dem vierten Jahrhundert ist die Insel als Bischofsitz bekannt. Während der byzantinischen Epoche versank Paros, wie auch die übrigen Inseln der Ägäis, im Dunkel der Geschichte. Ab dem 6. Jh. aber beteiligte sich Paros mit den übrigen Kykladen an der Neuordnung der byzantinischen Flotte und an dem Handel, der zwischen Ost und West in Schwung kam. Zusammen mit den anderen Kykladeninseln wurde Paros ein Handels- und Flottenzentrum, ein Umstand, der der Insel zahlreiche feindliche Angriffe einbrachte.
Es ist sehr wahrscheinlich, daß im 6. Jh., während der Herrschaft des Autokraten Justinian (527-563), das wohl bedeutendste Baudenkmal von Paros, die Kirchenanlage Katapoliani, mit staatlicher finanzieller Unterstützung errichtet wurde. Sie muß das Zentrum einer christlichen Gemeinde gewesen sein. Die Ländereien der Kirche wurden von vielen Leibeigenen (gr.:paroikoi) bestellt, die aus der Bevölkerung von Paros hervorgingen. Die Siedlung, die nahe der Kirche entstanden ist, trägt daher den Namen Paroikia.
Im 6. und 7. Jh. gab es auf der Halbinsel von Aimou große Bewegungen germanischer Stämme. Während einer dieser Verschiebungen gerieten 675 Slawen bis nach Paros. Ihr Einfall verwüstete die Insel und ab dem 7. Jh. wurde sie wiederholt von Piraten geplündert, die das gesamte Gebiet der Ägäis heimsuchten.
Im 8. Jh. gehörten Paros und die übrigen Inseln des Archipels zum Thema (=Verwaltungsbezirk) der Kibyräoten, ab dem 9. Jh. zum Thema Ägäis.
Im Jahre 902 erfolgte ein Einfall der Araber, der der Insel den letzten Schlag versetzte und sie daraufhin völlig im Dunkel versinken ließ.
Während der Herrschaft des Hauses der Komniner (1081-1185) erlebte Paros eine gewisse Belebung. Aus dem 12. Jh. gibt es Zeichen einer byzantinischen Niederlassung im Bereich von Naousa und wahrscheinlich

existierte eine byzantinische Siedlung in der Gegend von Psychopiana, südlich von Paroikia. Aber auch in dieser Zeit fehlte es nicht an Verwüstungen und Katastrophen. Diesmal wurde Paros von dem Dogen Domeniko Mikele geplündert.

Solchermaßen geschwächt, wurde die Insel von der venezianischen Dynastie vorgefunden.

1207 gründete der Venezianer Marco Sanudo das Herzogtum der Ägäis, dem Paros, Naxos und die umliegenden Inseln angehörten.

In der Zeit der Venezianer (1207-1389), aber auch später während der türkischen Herrschaft, erlebte Paros zahlreiche Angriffe durch Piraten, die die Insel zeitweise sogar als ihren Stützpunkt gebrauchten. Trotzdem war die Phase unter den Venezianern eine erneute Blütezeit für die Insel.

In den ersten Jahren ihrer Herrschaft (1260) erbauten sie aus dem Marmor der antiken Tempel das Kastro in Paroikia. Auch in Naousa und Ag. Antoniou errichteten sie ihre Burgen. Die Marmorsteinbrüche wurden wieder im alten Umfang ausgebeutet und venezianische Schiffe brachten das kostbare Material zum Herzogtum Morea, auf die Ionischen Inseln und zu den Hauptstädten Italiens.

1389 wurde Paros als Aussteuer an die Tochter der Fiorenza Sanudo, Maria, gegeben, die sich mit dem Archonten Gasparo Sommaripa verheiratete.

Die Ekatontapyliane wurde wahrscheinlich im 6. Jh. erbaut als Justinian Herrscher von Byzanz war.

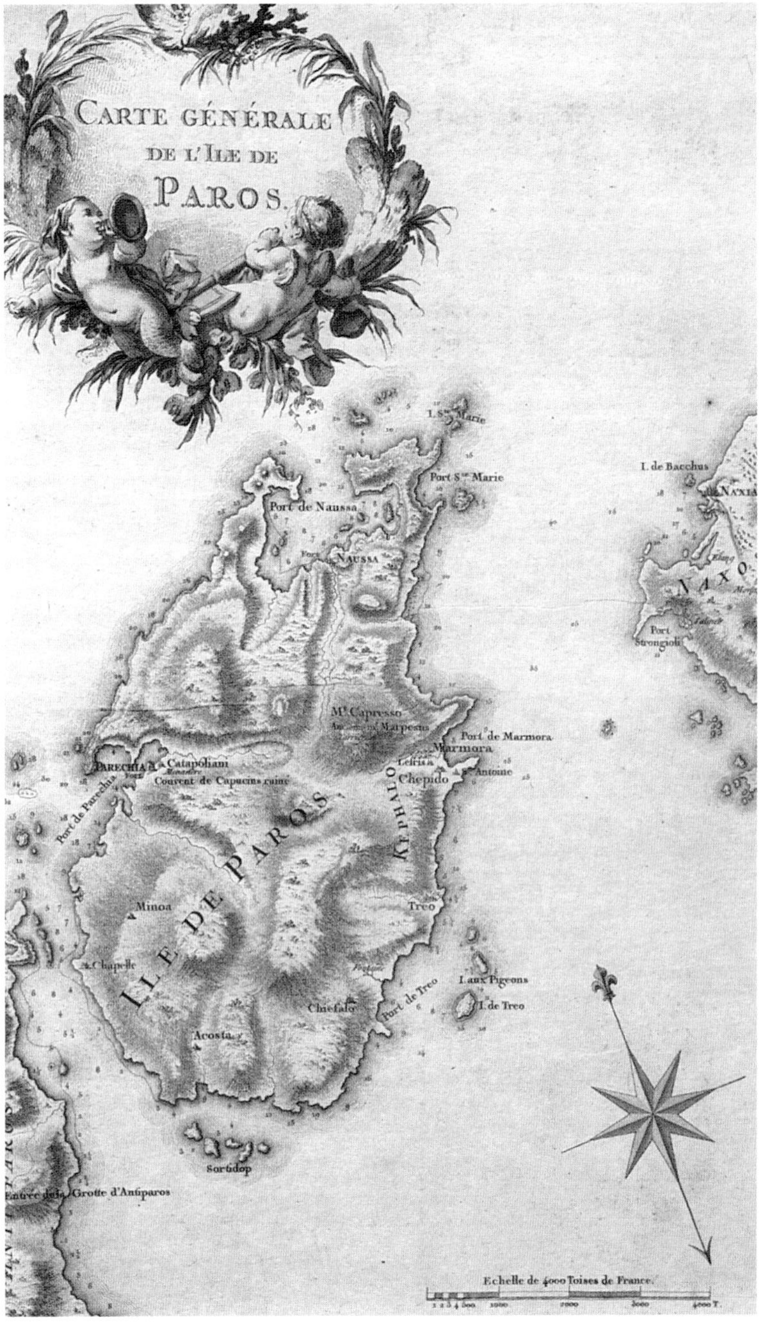

Karte von Paros. Gravur 34x21 cm. 1782.

Der neue Herrscher verlegte seinen Sitz nach Ag. Antoniou im Osten der Insel. Nachfolger wurde der kunstgesinnte Humanist Krousinos Sommaripa. Unter seiner Herrschaft gelangte Paros zu großem Wohlstand. Die Dynastie der Sommaripa endete mit dem Tod von Krousinos dem 2. (1520). 1521 übernahm die Familie Vinieri die Insel und sie wurde von Sagredos beherrscht.

Eingang der Marmorbrüche von Paros. Farblithographie 21,5x35,5 cm. Ende des 18.Jh. Athen, Benaki-Museum.

1537 wurden die Lateiner von den Türken vertrieben und in das Kastro von Ag. Antoniou zog Chaireddin Barbarossa, der sich die Insel unterwarf. Das Leid, das er über die Insel brachte überliefert der Text eines Volksliedes:

Die Inseln des Dodekanes, sie stehen in Blüte
Die Insel Paros aber läßt das Schicksal welken.
Tränen vergießt, wer sie kennt und groß ist das Bedauern,
Die Heilige Jungfrau weint um sie, mögen die Tränen helfen. .."

Nach dem Zerfall der venezianischen Herrschaft über die Kykladen, 1566, wurde Paros zusammen mit anderen Inseln vom Sultan an den Sepharden Joseph Nasi übergeben. Nach seinem Tod 1578 gingen sie in die Hände der Türken über und wurden dem Kapoudan Pascha, der obersten Marineführung des Osmanischen Reiches, unterstellt. Ein Jahr später, 1579, begaben sich Abgesandte von Paros, Naxos, Milos, Santorini und Syros nach Konstantinopel um Privilegien zu beantragen. 1580 bekam die Insel einen neuen Status und die neue Verwaltung schuf Verhältnisse, unter denen die Insel einen wirtschaftlichen Aufschwung nahm.

In all diesen Jahren waren die Piraten die Geißel der Ägäis. Die Bewohner der Inseln und der Küsten litten schwer unter ihren ständigen, mit Plündereien verbundenen Angriffen. Die natürlichen Häfen von Paros boten den Piraten ideale Verstecke und so machten sie hauptsächlich die Bucht von Naousa zu ihrem Schlupfwinkel. Reisende, die Griechenland besuchten, malten in düsteren Farben die Schrecken der Bewohner und die Greueltaten geschahen nicht selten unter den Augen der Schiffe des Serenissimus von Venedig.
Unter dem Vorwand, die Piraten zu schlagen, plünderte 1666 der Kapoudan Pascha Mustafa Kaplan den Ort Paroikia. 1677 kamen neue Katastrophen auf Paros zu, als die türkische Flotte vor Naousa ankerte um fränkischen Piraten nachzustellen. Die Leiden der Insel hatten aber auch hier kein Ende.
Zusammen mit der übrigen griechischen Welt erlitt sie drei Jahrhunderte lang das Dunkel der türkischen Herrschaft. Von Angriffen der Piraten verwüstet, von den Steuern der Besatzer ruiniert und gedemütigt vom Joch der Fremdherrschaft.
Es fehlte auch nicht an weiteren Gewalttaten gegenüber den geknechteten Pariern. Während der Türkisch-Venezianischen Kriege (1644-1669 und 1684-1699) gab es Vertreibungen und Plünderungen sowohl von den Türken als auch im Gegenzug von den Venezianern.
Vom Ende des 17. Jh. an begannen sich die Lebensbedingungen der Bewohner allerdings zu bessern. Der Grund waren sechs Dolmetscher der türkischen Flotte, die von Paros stammten und in der Mehrzahl der Familie Mavrogenedon angehörten. Sie ersetzten häufig den Kapoudan Pascha, der jeden Sommer mit der türkischen Armada in der Bucht von Dryos ankerte, um zusammen mit den versammelten Abgesandten der anderen Inseln rechtliche, steuerliche und andere Themen abzuhandeln.
Später, während der Russisch-Türkischen Kriege war Naousa (von 1770 bis 1777) Ankerplatz der russischen Flotte unter Orloff und Spiridoff. Obwohl die Bevölkerung der Insel in den letzten Jahren der Türkenherrschaft zugenommen hatte und sich die bestehenden Orte Paroika und Naousa vergrößerten und neue Siedlungen wie Dragoulas, Leukes und Kostos gegründet wurden, war das Leben vor der Erhebung 1821 schwer.
Während der Freiheitskriege stellte Paros keine Schiffe, wie andere Kykladeninseln, aber eine Mannschaft von Pariern unter Kapitän Trianta nahm an der Belagerung von Tripolis teil und auf der Insel wurde Flüchtlingen aus Chios und Psara Unterschlupf gewährt.
1830 vereinigte sich Paros mit dem neuentstandenen griechischen Staat.

Kunst und Schrift im archaischen Paros

Außer dem Inselchen Saliagkos waren auch Paros, Antiparos und Despotiko seit der Bronzezeit ununterbrochen besiedelt. In der späteren geometrischen Zeit unterschied sich Paros von den übrigen Kykladen wegen seines ertragreichen Bodens und seiner Lage, die den Handel begünstigte. Der Aufschwung des Handels war bedeutend für den Wohlstand der Insel und hatte eine geistige Blüte zur Folge.

Die Terrakottenkunst und die Kleinbildhauerei, besonders bei der Bronze, entfalteten sich, der unermeßliche Vorrat an Marmor, der aus den parischen Bergen gewonnen wurde war von solch hervorragender Qualität, daß Bildhauer aus ganz Griechenland herbeiströmten um sich dieses wertvolle Material zu beschaffen. Aus dem durchscheinenden parischen Marmor, dem Lychnitis, wurde der Skulpturenfries des Schatzhauses der Syphnier in Delphi, die Giebeldreiecke des Zeustempels in Olympia und andere bedeutende Kunstwerke geschaffen.

Ab Mitte des 6. Jh.v.Chr. wird Paros zu einer bedeutenden Bildhauerwerkstätte. Von hier stammen die Großplastiken der Heiligtümer von Delos, Thasos und Delphi und der Kouros der im Asklepeion von Paros gefunden wurde und der heute im Museum des Louvre in Paris zu besichtigen ist. Der Aufschwung der Bildhauerkunst in Paros erstreckte sich auch über die ersten Jahrzehnte des folgenden Jahrhunderts. Beispiele für die Kunst der parischen Werkstätten dieser Epoche ist die Figur der Nike, die im archäologischen Museum von Paros ausgestellt ist und die beiden Grabstelen, die im Museum von Berlin und im Metropol Museum von New York zu sehen sind. Die erste zeigt ein Mädchen, das eine Schmuckdose hält, die zweite ein Mädchen mit Tauben. Nach der Unterwerfung durch die Athener erfolgte ein ökonomischer und kultureller Niedergang der Insel und die Künstler verließen ihre Heimat um anderswo in der Griechischen Welt Fuß zu fassen.

Oben:
Bruchstück einer Grabstele mit Bild einer jungen Frau aus dem 5. Jh.v.Chr.

Unten:
Statue der Nike mit Schal und Sandalen. 5.Jh.v.Chr. Paroikia, Archäologisches Museum.

Agorakritos

Einer der Berühmtesten in der Antike, Agorakritos, arbeitete um 450 v.Chr. mit Phidias am Heiligtum der Akropolis. Seine Arbeit ist die berühmte Großplastik der Nemesis (etwa 3,50m Höhe) aus dem Heiligtum der Göttin in Ramnounta in Attika, die er aus parischem Marmor schnitt. Mit einem weiteren Schüler des Phidias, dem Alkamenes, hatte er den östlichen Giebel und den Fries des Parthenons entworfen. Quellen bezeugen weitere drei Arbeiten des Agorakritos: Das Bildnis der Göttermutter in der Athener Agora, die Bronzefiguren der Athene und den Zeus, der dem Heiligtum der Itonischen Athene in Koroneia in Boötien gewidmet war.

Archilochos

In der ersten Hälfte des 7. Jh.v.Chr. lebte auch der große Dichter Archilochos auf der Insel (etwa 680 - 640 v.Chr.). In der Antike wurde er als Homer gleichwertig angesehen.

Er wurde im Dorf Myrrine geboren, wo er auch seine ersten Gedichte schrieb. Seine Familie war zwar adelig, aber arm. Der Vater, Telesikles, gehörte einer höheren gesellschaftlichen Klasse an, die Mutter soll der Überlieferung nach Sklavin gewesen sein.

Allerdings kann diese Annahme auch auf den Namen der Mutter, Enipo, zurückzuführen sein, der soviel wie „Dienerin im Heiligtum" bedeutet. Der Vater, der den Demokraten angehörte, war der Führer einer Gruppe von Pariern, die um 680 v.Chr. Thasos kolonisierten.

664 v.Chr. ging auch Archilochos im Alter von etwa 40 Jahren nach Thasos. Zusammen mit seinen Landsleuten nahm er an zahlreichen kriegerischen Unternehmungen gegen die auf dem gegenüberliegenden Festland lebenden Sainer teil. Später kehrte er nach Paros zurück und verlor sein Leben bei einer Seeschlacht gegen die Bewohner von Naxos.

Zahlreiche seiner Zeitgenossen, aber auch nach ihm Lebende, versuchten ihn als ungesellschaftlichen Rebellen und Spötter abzutun, aber die Priesterversammlung von Appolon verehrte ihn in Paros als Helden und von da an wurde die Gegend Archilocheia genannt.

Archilochos war ein unruhiger Geist, enthusiastisch und gleichzeitig ironisch. Wegen seiner scharfen Zunge, mit der er die Zustände ironisierte und das Unrecht und die Dummheit geißelte, wurde er

Skopas

Ebenfalls aus Paros stammt Skopas, der bedeutende Bildhauer des 4. Jh.v.Chr. Er wird Praxiteles und Lysipp gleichgestellt. Skopas arbeitete in Athen, Sikyon und Argos. Am Tempel der Alea Athene in Tegea arbeitete er als Architekt und Bildhauer. Seine Arbeiten sind die reichen Verzierungen der Giebeldreiecke, der Metopen und die Giebelaufsätze des Tempels. Skopas entwarf auch den neueren Tempel der Artemis in Ephesus in Kleinasien und das Mausoleum der Herrscher von Halikarnass, das in der Antike als eines der sieben Weltwunder galt. Neben Agorakritos und Skopas führen geschrieben Quellen noch weitere Bildhauer aus Paros an: Ariston, Klenis, Kretonides, Arkesilas, Euphron und Thrasymedes.

auch "Skorpion" genannt. Nach A. Lesky benutze er in seinen Werken Tiere als Protagonisten und kritisierte mit Hilfe dieser Allegorien den Mißbrauch der Macht gegenüber den Schwachen. Seine Helden waren keine mythischen Gestalten, sie waren reale Figuren mit allen Tugenden und Schwächen, denen man für ihre Taten nicht nur bewundernd Beifall zollte, wie es in der Dichtung bis dahin üblich war, sondern man konnte sie durchaus für ihr Verhalten kritisieren.
In einigen seiner Elegien (Form der Dichtung in der Antike) und Gedichten beschreibt er durchaus realistisch, satirisch und mit Ironie seine Erlebnisse bei der bewaffneten Truppe. An einer Stelle

Reliefplatte die den Archilochos bei einem Totenmahl oder einem Symposium zeigt. Etwa 500 v.Chr. Paroikia, Archäologisches Museum.

berichtet er, wie er dem sicheren Tode dadurch entrann, daß er sein Schild wegwarf und Fersengeld gab. Mit seinen neuen Ideen erschütterte er die herrschenden, aristokratischen Konventionen. Andrerseits brachte ihm sein schwieriger Charakter zahlreiche Feinde ein und es kam auch zu Zusammenstößen mit seinen Freunden.
Aber seine Dichtung ist nicht nur Satire. Er schrieb auch erotische Gedichte. In denen stellt er aber die Liebe nicht als eine Gabe der Götter dar, sondern als eine Leidenschaft, die den Menschen wie eine gefährliche Krankheit im Griff hat. Er schrieb auch Hymnen an die Götter, von denen die bekannteste die Hymne an Herakles ist, mit der die Sieger der olympischen Spiele begrüßt wurden.
Archilochos gilt als Vater Iambe und vielleicht auch der Elegie, er vervollkommnete beide und machte sie zu gebräuchlichen Werkzeugen in der Dichtung. Mit seiner Abwendung vom homerischen Heroismus und seiner Hinwendung zur Realität des täglichen Lebens, wurde er zum Begründer der Satire und des westlichen Realismus und zum Vorreiter der antiken Kommödienschreiber. Leider sind nur wenige Fragmente seines Werkes erhalten.

Volkstum und Tradition

Das architektonische Erbe

In architektonischer Hinsicht ist Paros sowohl für den Forscher als auch für den einfachen Betrachter interessant. Das Zusammenwirken der Gebäude mit ihren verschiedenen architektonischen Stilelementen ist so aufeinander abgestimmt, daß ein harmonisches Bild entsteht. Die traditionelle Architektur ist dermaßen mit dem neoklassizistischen Einfluß verschmolzen, daß trotz allem eine Einheit entstanden ist. Geht man über die mit örtlichen Steinplatten gepflasterten Gassen der Orte, merkt man, daß der ländliche Handwerker mit einem Gefühl für die menschlichen Belange ans Werk gegangen ist. Es ist nichts übertrieben oder überladen. Die Gebäude sind einfach, würfelförmig und in der Mehrzahl weiß, mit Ausnahme der Windmühlen und der neoklassizistischen Häuser.

In Paros findet man dichtbesiedelte Orte mit weißgetünchten Häusern, steingepflasterten, gekalkten Gassen und weißen Windmühlen.

Die Siedlungsstrukturen

Die Siedlungen der Insel weisen zwei Erscheinungsformen auf: Die Dichtbebauten der Hauptorte (Paroikia, Naousa, Kostos, Leukes, Dragoulas, Prodromos, Marpissa) und die vereinzelt Stehenden, welche man in den ländlichen Gegenden antrifft.

Die dichtbebauten Siedlungen haben ihren Ursprung in fränkischer

Zeit, als die größeren Orte mit Mauern umgeben wurden, um die Piraten abwehren zu können. Paroikia wurde durch eine fränkische Burg und gemauerte Wälle geschützt die, wie gewöhnlich, aus Materialien älterer Bauwerke und aus zeitgemäßem Baumaterial bestanden.

Naousa und Dragoulas waren ebenfalls mit Mauern umgeben. Ein Ausnahme bildet das Dorf Leukes, das auf der höchsten Stelle der Insel liegt und aufgrund der natürlichen Gegebenheiten wahrscheinlich auf eine Mauer verzichten konnte.

Die Notwendigkeit, sich vor den Piraten zu schützen, zwang die Bewohner, sich mit ihren Häusern hinter Mauern zu konzentrieren, was zwangsläufig zu einer dichten Siedlungsstruktur führte. Die Hauptsorge der Inselbewohner galt ihrer Sicherheit und daher wurden aus Platzmangel alle nicht unbedingt notwendigen Einrichtungen gar nicht erst in Betracht gezogen. Später dehnten sich die Orte über die Burgmauern aus, allerdings mit gleicher Dichte.

DIE ARCHITEKTUR DER HÄUSER

So wie die Siedlungsstruktur auf Paros zwei verschiedene Erscheinungsformen hat, so kann man auch die Häuser in zwei Kategorien einteilen: Die Häuser in den städtischen und die Häuser in den ländlichen Gegenden.

Zu den Häusern der ersten Kategorie gehören die traditionellen Häuser ohne Zwischenwände und die reichhaltigeren neoklassizistischen Häuser.

Die einfachste Hausform innerhalb der Siedlungen besteht aus einem Raum, verschiedene Bereiche sind nur durch Abtrennungen abgesondert und es gibt weder einen Hof noch Nebengebäude. Die Häuser sind zweistöckig, Wand an Wand übereinander gebaut und haben außenliegende Treppen. Das Fehlen von Höfen ist durch die engen Gassen bedingt, die außer Durchgang auch Lebensraum darstellen und daher mit Weinranken, Bouganvilla und anderen Kletterpflanzen geschmückt sind. Um den vorhandenen Raum auszunutzen, wurden vielfach die engen Gassen überdacht und die beiden gegenüberliegenden Häuser mit einer Terrasse verbunden, die dann von beiden als Wohnraum

Weiße Wände, Kuppeln von Trullos und die Glockentürme der Kirchen kennzeichnen die Ortschaften von Paros .

In Paroikia harmonieren der einheimische Stil und der Neoklassizismus an einem einzigen Gebäude.

oder Freisitz genutzt wurden. Je weiter man sich von den mittelalterlichen Siedlungen entfernt, um so geräumiger werden die Bauten. Ein Gebäude kann dann aus zwei oder mehr einräumigen Häusern zusammengesetzt sein oder ein großer Raum ist unterteilt.

Begibt man sich weiter zur Peripherie und besonders in Paroika zur Kirche Katapoliani, findet man große Adelshäuser, große neoklassizistische Gebäude mit geräumigen Höfen, Marmorreliefs, Verzierungen, Balustraden und allen Details, die solche Häuser auszeichnen. Ein Beispiel dafür ist das Haus der Gravari in Paroikia.

Die zweite Form der Häuser, die ländlichen Bauernhäuser, bestehen aus einer Ansammlung gemauerter Würfel, die jeder einen eigenen Zweck erfüllen (Wohnhaus, Stall, Scheune, Backhaus etc.). Charakteristisch für die parische traditionelle Architektur sind die außenliegenden Treppen, und Treppenabsätze, die bogenförmigen Stoen, die überdachten Balkone und die Windmühlen, denen man fast überall auf den Kykladen begegnet.

In Paroika sind Häuser zu finden, die den ländlichen Stil harmonisch mit dem neoklassizistischen verbinden, dann trifft man wieder auf Häuser, die rein neoklassizistisch sind.

In anderen Orten sind die neoklassizistischen Häuser eher in populärerem Stil gehalten und wechseln sich farblich ab mit den hergebrachten, weißgetünchten parischen Inselhäusern.

Die traditionelle volkstümliche Architektur ist von Bedeutung für Paros und übt eine große Anziehungskraft auf den Besucher aus, der sich hier in Harmonie mit der Umgebung befindet, was heute in vielen Städten leider nicht mehr der Fall ist.

Alle Gebäude der Insel sind aus örtlich vorkommenden Materialien errichtet. Die Steinplatten werden zum Hausbau oder zur Pflasterung von Straßen und Höfen verwendet. Der einheimische Marmor, der weiß oder grau ist, wurde vorwiegend zur Verzierung der reicheren Häuser benutzt, deren Reliefs an den Tür- und Fensterstöcken Einfluß von Kirche und Renaissance verraten. Aber auch bei Treppenstufen, Waschbecken und anderen Gelegenheiten kam Marmor zum Einsatz. Die rote Lehmerde findet sich bei Wänden und Fußböden. Einheimisches Holz, Rohr, getrocknete Algen und der Lehm wurden zu Herstellung der Zwischenböden benutzt, Steine zum Mauern von Bögen.

ΑΝΔΡΕΑΣ Ν.π.167

← Naousa

DIE TRACHTEN

Ein Indiz für das kulturelle Erbe einer Gegend sind die Trachten, die von den Bewohnern getragen werden. Die Kleider wurden aus den in dem Gebiet gebräuchlichen Rohmaterialien hergestellt, die Zuschnitte allerdings zeugten von dem wirtschaftlichen und dem kulturellen Zustand und dem Einfluß von Handelseinflüssen, dem der jeweilige Landstrich ausgesetzt war.
Die parische Tracht, die bis zum heutigen Tag überlebt hat, wurde von den Frauen der Insel zu Beginn des 20. Jahrhunderts getragen. Sie bestand aus dem "Partelato", einer Art Unterkleid, dem "Mesofori", einem weißen Hemd, dem Rock, dem Blüschen und der Polia.
Wie Gravuren aus dem 16. Jahrhundert zeigen, trugen die Frauen damals andere Trachten. Außer dem weißen Hemd und dem Unterkleid trugen sie noch ein ärmelloses weites Kleid , an das im Winter Ärmel angeknöpft wurden. Dieses Kleid war in leuchtenden Farben gehalten und wies reiche Stickereien am Saum, an den Ärmeln und am Brustlatz auf. Um den Hals hatten sich die Frauen seidene Schals gelegt.
Die Tracht der Männer glich den Trachten der übrigen Ägäisinseln. Sie trugen die Vraka, eine Art Pluderhosen in schwarz, weiß oder blau, ein Hemd, eine ärmellose Weste, Gürtel, Socken und schützten den Kopf mit einem Fez.

Traditionelle Trachten aus der Sammlung der Musik- und Tanzgruppe "Naousa Paros".

SITTEN UND GEBRÄUCHE

Die Sitten und Gebräuche von Paros haben ihre Wurzeln weit in der Vergangenheit, beginnen aber heutzutage mehr und mehr zu verlöschen. Die auf der Insel gegründeten Kulturvereine sind daher stark bemüht, sie wieder nach Kräften zu beleben.
Als kleine Ünterstützung möchten wir daher an dieser Stelle einige der inseltypischen Gebräuche anführen.
Beginnen wir mit der Beschreibung der Gebräuche, mit denen die Parier die großen christlichen Feste ausschmücken.
Am Vorabend des Weihnachtstages bereiten die Hausfrauen das Weihnachtsbrot vor, das in den unterschiedlichsten Formen gebacken wird -gitterartig, s-förmig, oval. Es werden auch noch die "Gebutterten" gebacken, eine spezielle Weihnachtssüßigkeit.

Griechische Tänze in Paros. Kupferstich 22x15 cm. Athen, Gennadias Bibliothek.

Die ganze Gegend duftet und die von den Kindern gesungenen Weihnachtslieder unterstreichen noch das festliche Gefühl. Früher wurden die Kinder von einem örtlichen Instrument begleitet, dem Toumbaki. Sie gingen von Haus zu Haus, in den Händen kleine Schiffe und Windmühlen und nahmen die Leckereien der Hausfrauen entgegen. Ausser an Weihnachten singen die Kinder auch an Sylvester und am Dreikönigstag.
Im Februar wird Fastnacht gefeiert. An diesen Festen wird der traditionelle parische Tanz Agerano getanzt. Er rührt aus dem minoischen Kreta her und und wird mit den Mythen um den Minotaurus und Theseus in Zusammenhang gebracht. Die Überlieferung berichtet, dass Theseus ihn zum ersten Mal in Delos rund um den Altar des Gottes Apollon getanzt hätte, nachdem er von Kreta zurückkehrte, wo er den Minotaurus besiegt hatte. Die Bewegungen des Tanzes beschreiben die Heldentat und die erfolgreiche Flucht aus dem Labyrinth des Palastes von Knossos.

Am letzten Sonntag der Fastnachtszeit wird in Paros ein Nudelgericht zubereitet, das sogenannte Fastnachtsessen. In den darauffolgenden Sonntagen der Fastenzeit gibt es das bei allen beliebte Gericht "Skoutablous", im Ofen gebackene Kichererbsen. Der Frühling steht ganz im Zeichen des Osterfestes, die Insel überzieht sich mit einem festlichen Grün und ungezählte Wildblumen blühen überall auf dem Land. Die Parier bereiten sich vor, indem sie zunächst Häuser und Gassen blendend weiß streichen. Früher wurden von den Frauen eine Woche vor dem Ostersonntag für jedes Kind ein Brot gebacken, der Lazarus. Dieses Brot hatte Ähnlichkeit mit einem Menschen und sollte den Lazarus darstellen. Die Wiederbelebung der österlichen Riten in den Kirchen und Klöstern der Insel mitzuerleben hat etwas Ergreifendes. Die alten Sitten und Gebräuche verleihen der Insel in diesen Tagen eine ganz besondere Atmosphäre. Die Liturgie am Karfreitag und der darauffolgende Umzug des Epitaphs durch die engen Gassen der Städte und Dörfer der Insel erwecken selbst heute noch vergessen geglaubte Gefühle und Erinnerungen.

Außer den Bräuchen, die die großen Festen begleiten, sind auch viele andere Begebenheiten lokal gefärbt. Die Familienfeste, wie Verlobung, Hochzeit, Taufe und Gelegenheiten wie die Weinlese. Zu diesen Anlässen singen die Parier

die Lieder ihrer Insel und tanzen die lokalen Tänze wie den Ballos, den Bougarikos und den Syrtos.

Am Ostersonnabend erschallt um Mitternacht das "Christus ist auferstanden" in Paroikia vom Hafen bis zum Kastro hinauf. Auch Naousa und die Plätze der kleineren Ortschaften schließen sich an. Die feierliche Stimmung wird von Glockengeläut und dem Heulen der Schiffssirenen eindrucksvoll unterstrichen.

Seinen Höhepunkt erreicht das Osterfest am Mittag des Ostersonntag. Quer über die Insel wird dieses größte Fest der orthodoxen Christen mit Liedern, Tänzen und einem opulenten Essen begangen. Nichts von dem, was die Insel an kulinarischen Leckerbissen zu bieten hat, fehlt auf der österlichen Tafel. Bis hin zum Osterbrot, das mit einem weißen und einem roten Ei geschmückt wird. An diesem Tag wird ein aus Stroh geflochtener Judas verbrannt und die Kinder schlagen mit kleinen Bronzeglocken in den Kirchen Krach, um die bösen Geister zu vertreiben. Mit den Ostertagen ist auch der Brauch der "Kounies" verbunden. Er hat seine Wurzeln im Altertum und ist auf das "Frühlingsschaukeln" zurückzuführen, das die jungen Mädchen im antiken Athen während der Zeit der Blüte im Frühjahr begingen. So werden am Ostermontag überall auf dem Land Schaukeln an die Äste der Bäume gehängt, in denen sich die jungen Mädchen schwingen. Die Übrigen singen dazu selbsterdachte Lieder, die das Schaukeln zum Thema haben.

Am Abend des 23. Juni findet ein weiteres Fest statt, bei dem die Einwohner von Paroikia, Naousa und vor allem von Prodromos mit weiten Sprüngen über offene Feuer springen. Am gleichen Abend versuchen die Mädchen von Prodromos mit verschiedenen prophetischen Weissagungen heraus zu bekommen, welchen Mann sie in Zukunft heiraten werden. Diese Riten hängen mit der Sommersonnenwende zusammen und es werden ihnen reinigende und prophetische Eigenschaften zugeschrieben.
Die Weinlese im September ist ein Fest für die Parier. Überall in den Weinbergen von Paros füllen sich die Körbe mit den Trauben, aus denen der rote, gut zu trinkende Wein der Insel gekeltert wird. Wo es einen Weinberg gibt, hört man fröhliches Singen, vermischt mit dem Gelächter über die Späße, mit denen sich die Traubenpflücker gegenseitig necken.

Die ortstypischen Instrumente von Paros spielen zu allen Gelegenheiten auf.

Im November ist die Zeit des Souma und des Ouzos (siehe Seite 139). Die Herstellung dieser starken Getränke ist ein großes Ereignis auf der Insel und wird dementsprechend gebührend mit Liedern und Tänzen gefeiert. Eine andere willkommene Gelegenheit zum Feiern bieten die Hochzeiten. Die Musik spielt mit den traditionellen Instrumenten auf, der Tsabouna (ein dem Dudelsack ähnlichen Instrument aus Tierhaut) und dem Toubaki (einer kleinen Trommel). Später gesellten sich noch die Laute, die Geige und das Santur dazu. Zu der Musik tanzen die jungen Leute den Syrto von Paros. Es ist ein eigens auf die Hochzeiten ausgerichteter Tanz, der mäanderförmig aufgeführt wird.
Passend zum Anlass wird dazu das Lied gesungen:

"Oh Heilige Jungfrau von Naousa, Du mit den hundert Kerzen,
das Paar, das sich hier findet, soll tausend Jahre scherzen."

Paros heute

Von Paros hat man über lange Zeit hinweg, bis zu den letzten Jahrzehnten, nichts gehört. Ihre Wirtschaftszweige waren die Landwirtschaft, die Viehzucht, die Fischerei und die Schiffahrt, was aber nicht ausreichte, und mit sich brachte, daß viele Einwohner ihr Glück wo anders suchten.

Das Jahrzehnt 1950 bis 1960 ist von einer Auswanderungswelle gekennzeichnet, die Athen und das Ausland zum Ziel hatte und die Insel welken ließ.

Das heutige Bild von Paros ist sehr verschieden. Die Landwirtschaft arbeitet mit modernen Geräten und die Erträge sind bedeutend gestiegen. Auf der Insel gibt es Kelterei und Ölwirtschaft und viele Familien sind wieder zurückgekehrt.

Einen wichtigen ökonomischen Faktor stellt der Tourismus dar. Die Parier haben rechtzeitig die Möglichkeiten ihrer Insel erkannt und sie umsichtig gefördert.

Jetzt findet jeder Arbeit und während der Hauptsaison kommen sogar noch zusätzlich Arbeitskräfte aus ganz Griechenland auf die Insel. Es geht lebhaft zu und im Sommer, wenn der Tourismus blüht, hat auch die ökonomische Lage ihr Hoch.

Auch die Bauwirtschaft hat sich zum Senkrechtstarter entwickelt. Viel Fingerspitzengefühl und Beherrschung tat not, um das Gesicht der Insel nicht zu verändern und es besteht die Hoffnung, daß das auch in Zukunft nicht der Fall sein wird.

Viele der touristischen Einrichtungen haben sich, die traditionelle Architektur einhaltend, der Gegend angepaßt, leider aber gibt es auch einige schlechte Beispiele.

Das "Naousa des Meeres" empfängt jedes Jahr eine große Zahl von Besuchern.

In Naousa findet der Besucher besonders typisch Ecken.

Außer den Unterkünften gibt es eine Menge Gelegenheiten, die die Unternehmungslust fördern.

In den vielen Kunstgewerbeläden und Schmuckgeschäften kann man all das kaufen, was die Erinnerung an Paros wach hält, bis man zum nächsten Mal hinfährt.

Paros bietet mehr zur Unterhaltung als zum Nichtstun. Tavernen, Restaurants, internationale Discos, Ouzerien und Bars sind überall zu finden.

Im Winter verändert sich das Bild rapide. Das Leben wird entspannt, der Lärm verstummt, die Farben verflachen. Alles beruhigt sich, nur das Meeresrauschen und der Wind werden heftiger.

Der sommerliche Tourist würde staunen, wenn er die Insel im Winter besuchte.

Enttäuscht und gelangweilt aber wäre er nicht. Jetzt könnte er das wirkliche Gesicht der Insel kennenlernen, mit den Einheimischen in der Taverne sitzen, sich zu einem Souma einladen lassen und selbst einen ausgeben und den Gesprächen über ihre Probleme lauschen.

Seite 50-51: Naousa.

Im Winter erholt sich die Insel von der fremden Musik, dem Licht, der Internationalität und den Besucherströmen.

ΑΙΚΑΤΕΡΙΝΑ
ΑΝ 1

Bekanntschaft mit Paroikia

Die Bekanntschaft mit der Insel Paros und seinen freundlichen Bewohnern beginnt in der Inselhauptstadt, in Paroikia.

Zwei ganz unterschiedliche Ansichten von Paroikia: Die alte Windmühle, von der aus man einen schönen Blick auf das Meer hat und die Geschäftsstraße.

DIE CHORA ODER PAROIKIA

Paroikia, wie die Hauptstadt auch noch genannt wird, ist der Haupthafen und Handelsplatz der Insel. Der Ort liegt an der Nordwestküste, tief in einer Bucht, an einer Stelle, die schon im Altertum wegen ihrer Sicherheit auserwählt wurde. Die Gebäude ziehen sich parallel zur Uferfront hin.

Kodak
FUJI

Die Stadt ist auf den Ruinen des antiken Paros erbaut, die in einer Schrift aus dem 5. Jh. nach Chr. als "die glänzendeste aller parischen Städte" beschrieben wird. Ihre Geschichte beginnt vor vielen Jahrtausenden, als in der frükykladischen Epoche die ersten Siedler auftauchten. Zu Beginn des zweiten Jahrtausends wurde am Ort des Kastros eine bedeutende Siedlung gegründet, die bis zur geometrischen Epoche (1000-700 v.Chr) bewohnt war. Auch die Ionier wählten diesen Platz als Niederlassung, als sie Paros zwischen dem 2. und 1. Jahrtausend v.Chr. kolonisierten.

Blick auf den Hafen von Paroikia.

Die entstandene Stadt blühte besonders während der archaischen Zeit (700-500 v.Chr.) auf. Handel, Schiffahrt, Landwirtschaft und Handwerk waren auf hohem Stand, Schrift und Kunst hoben sich hervor.

Die Parier hatten einen engen Bezug zum Meer und sie entwickelten einen neuen, leichten Schiffstyp, die Parona, mit dem sie ihren Handel betrieben. Auf ihren Münzen waren Delphine abgebildet.

Der ununterbrochenen Besiedlung von Paros bis zu Neuzeit, fielen die archaischen Bauten zum Opfer.

Ausgrabungen, die früher stattfanden und auch heute noch fortge-

Antike Gräber beim Hafen von Paroikia.

Der Strand von Paroikia. Goldgelber Sand und blaues Meer.

setzt werden, haben zahlreiche Reste ans Licht gebracht. O. Rubensohn entdeckte Ende des 19., Beginn der 20. Jahrhunderts den Verlauf der Mauer, die die Stadt seit dem 6. Jh.v.Chr. umgab und etwa 2,5 Kilometer maß.

Auch ein Heiligtum wurde in der Gegend des Kastro entdeckt, das den bedeutendsten Tempel des antiken Paros enthielt und der Athene Poliada geweiht war, der Schutzheiligen der Stadt. Er maß eine Länge von 100 Fuß, 32,86 Meter, und wurde etwa um 525 v.Chr. errichtet. Heute sind nur noch seine Fundamente erhalten. Viele seiner architektonischen Bauelemente wurden von den Venezianern zum Bau des Kastros benutzt, ebenso wie das Material einer Stoa, die sich im antiken Markt erhob (sie war in der zweiten Hälfte des 2. Jh.v.Chr unter Hadrian renoviert worden). Teile eines Rundbaus aus dem 4. Jh.v.Chr., der wahrscheinlich ein der Hestia geweihter Tempel war, wurden zum Bau einer kleinen Kirche innerhalb des Kastros verwendet.

Auskünfte über die öffentlichen Bauten des antiken Paros geben uns die Inschriften. So ist bekannt, daß es in Paros ein Prytaneum, ein Amt der Marktmeisters, ein Archiv (in dem die Unterlagen des Stadtstaates aufbewahrt wurden), ein Theater und Tempel dem Dyonisos und der Persephone geweiht, gab.

Neuere Ausgrabungen an verschiedenen Stellen Paroikias lokalisierten bei Tholos öffentliche Gebäude aus römischer Zeit, wo auch die parische Chronologie gefunden wurde (siehe Seite 73) Dicht bei Tholos kam auch ein Wohnhaus der späteren hellenistischen Epoche zum Vorschein. Es bestand aus Erdgeschoß und erstem Stock. In der glei-

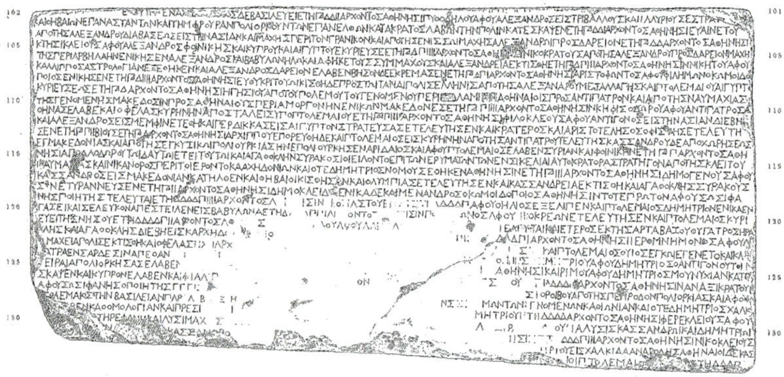

Eine der drei Tafeln der Stele, in denen nach dem 3. Jh.v.Chr. die Geschichte von Paros eingemeißelt wurde. Paroikia, Archäologisches Museum.

chen Gegend wurden auch die Reste eines Landsitzes mit Mosaikboden aus hellenistischer Zeit gefunden. Es besaß Keramikwerkstätten, die von archaischer Zeit an bis zur hellenistischen Zeit in Betrieb waren und Bildhauerwerkstätten, bis wahrscheinlich zum 4. Jh.v.Chr. oder in die hellenistische Zeit.

Im Nordosten der Stadt kam ein großes, rechteckiges Gebäude zum Vorschein und dicht dabei ein rundes, stufiges Monument. Dicht beim Hafen wurde eine Nekropole gefunden, die vom 8. Jh.v.Chr bis zum 3. Jh. nach Chr. in Gebrauch war. Auf diesem Friedhof gibt es ein Mehrfachgrab, in dem 40 Gefäße mit Knochen von Männern im Alter von 28 bis 30 Jahren gefunden wurden.

Außer den öffentlichen Gebäuden, die das Zentrum des antiken Paros bereicherten, gab es noch Heiligtümer auf den Höhen ringsum.

Ende des 19. und zu Beginn des 20. Jh. konnten im Süden von Paroikia, nahe dem Hügel Ag. Anna, die Heiligtümer des Appolon Pythios und das Asklepeion und im Norden das Heiligtum des Appolon Delion und der Artemis lokalisiert werden.

Tiegelförmiger Behälter mit Verzierungen aus dem Friedhof von Kabos. 2880-2700 v.Chr. Archäologisches Museum Paroikia.

Von dem Heiligtum des Appolon Pythios, das wahrscheinlich im 4. Jh.v.Chr. oberhalb des Asklepeion auf einer in den Stein gehauenen Ebene errichtet wurde, sind nur noch Spuren der Fundamente erhalten.

Auf einer tieferliegenden Ebene erstrecken sich die Ruinen des Asklepeion, das im 4. Jh.v.Chr. dicht bei einer Quelle erbaut wurde. Es war enthielt ein rechteckiges Gebäude im dorischen Stil mit Stoen an seinen Schmalseiten und einen Altar des Gottes.

Nördlich der Stadt, auf dem Hügel Taxiarchis

von dem aus man die heilige Insel Delos sehen kann, brachten die Archäologen das dem Appolon Delion und seiner Schwester Artemis geweihte Heiligtum zu Tage.
Das Delion lag an der Stelle einer prähistorischen Kultstätte. Etwa um das 9. und 8. Jh.v.Chr. war das Heiligtum von einer Mauer umgeben, der Eingang befand sich an der südlichen Mauer.
Zu Beginn des 5. Jh.v.Chr. wurden auf den Ruinen eines antiken Tempels, der sich im Nordwesten des Heiligtums befand, ein Artemistempel errichtet. Er hatte dorischen Stil, einen Vortempel und Cella und war aus Marmor gebaut. Östlich befand sich der Altar der Göttin. Der Altar des Appolon war in der Mitte das Platzes in Fels gehauen. Rundherum waren Platten gelegt, auf denen während der Feierlichkeiten Tänze aufgeführt wurden.

Oben: Mosaikboden mit Herakles-Darstellung. 3. Jh.v.Chr. Paroikia, Archäologisches Museum.

Unten: Das Asklepeion.

Blick auf Paroikia und den Hafen.

Im 5. Jh.v.Chr. wurden auch die Propylen des Heiligtums gebaut, die Räume für die Symposien. Die Fundamente sind bis heute erhalten.

Es wird noch von weiteren Heiligtümern auf der Insel berichtet, in denen dem Hermes und der Demeter gehuldigt wurde.

Überreste außerhalb der Stadt bezeugen die Existenz eines Zeusheiligtums, eines der Aphrodite und eines der Eileithya.

Besonders auf dem Berg Kounados, der sich im Nordosten von Paroikia erhebt, fand sich in einer dem Propheten Elias geweihten Kirche eine Inschrift, die vom Kult des Zeus Ypatou berichtet.

Im Westen fanden sich Spuren eines Aphroditeheiligtums und Anzeichen des Eileithyakultes, der Göttin der Niederkunft.

In frühchristlicher Zeit wurde an der Stelle des antiken Paros ein christliches Zentrum gegründet, der Kern der Kathedrale Katapoliani, der Hunderttürigen.

Einfälle der Araber nach dem 7. Jahrhundert hatten Zerstörungen der Siedlung zur Folge , die aber nach 1207 von Markos Sanoudos wieder neu organisiert wurde.

Diesmal wurde das Kastro zum Zentrum der Siedlung gemacht, das der venezianische Herrscher mit antikem Baumaterial errichtete, das in der Gegend vorhanden war. Innerhalb des Kastros baute er seinen Palast, außerhalb der Mauern entstanden der Wehrturm und die Häuser der Bewohner, die kreisförmig an der Ostseite des Kastros angelegt waren.

Die Ansiedlung von Bewohnern innerhalb des Kastros muß nach der Verlegung des Sitzes der venezianischen Herrscher zu dem Kastro von Kefalou bei Marpissa stattgefunden haben.

Rechts: Die Kirche Ekatontapyliane - eines der bedeutesten frühchristlichen Bauwerke- Zeuge von Aufstieg und Niedergang von Byzanz.

← *Paroikia.*

EIN SPAZIERGANG DURCH DIE MALERISCHEN GASSEN DES ORTS

"Drei Freunde triffst du an der kleinen Mole: Die Windmühle, das Kafeneion mit den Bögen und den Heiligen Nikolaus mit seinen blanken Kuppeln und den Netzen der Fischer. Solche Netze hat auch der Heilige ausgeworfen - Seelen hat er damit eingefangen. So ist es." Diese schwermütigen Erinnerungen hat der griechische Schriftsteller D. Vasiliadis in seinem Buch "Mosaik neuerer griechischer Sagen" niedergeschrieben.

Wenn man heute in den Hafen von Paroikia kommt, dann steht die alte Windmühle noch immer neben der Mole, ganz so wie früher, und auch die kleine, schneeweisse Kirche des Heiligen Nikolaos mit ihrem blauen Trullo begrüsst den Besucher. Allerdings befinden sich die Windmühle und die Kirche heute in einer neuen Nachbarschaft. Tavernen, und zahlreiche Geschäfte, haben sich hier niedergelassen. Unübersehbar ist auch die blendend weisse Konstantin-Kirche, deren blaugemalte Trullos vom höchsten Punkt von Paroikia aus, dem Kastro, herab grüssen. Hinter dem dichten Grün der Bäume zeichnen sich die ziegelgedeckten Trulli der großen Kirche Katapoliani ab und etwas weiter entfernt ist die weisse Silhouette des Klosters Ag. Anargyroi auszumachen. Dieses Kloster liegt in einem dichten Hain mit Wildoliven. Es schmiegt sich an den Hang eines niedrigenHügels im Süden der Stadt und man meint es würde den Ort beschützen.

Das einfache Kirchlein Ag. Nikolas, die beblühten Treppen und die kleinen, geplättelten Plätze sind das typische Bild von Paroikia.

Rechts: Die Windmühle, die sich am Strand von Paroikia über das Meer erhebt.

Das Herz der Ortschaft Paroikia ist der **Hafen**. An der Hafenmole liegen die Schiffe vor Anker, die die Insel anlaufen. Die Kaimauer, die den Hafen vor den Wellen schützt, erstreckt sich von der einen bis zur anderen Seite der Ortschaft, und an ihr entlang verläuft eine der Hauptverkehrsadern von Paroikia, die Uferstrasse. Auf der einen Seite der Strasse liegen zahlreiche Fischtavernen, Restaurants und Cafés. Auf der anderen Seite liegt das tiefblaue Meer mit seinen ständig wechselnden Farbtönungen. Die Uferstrasse endet bei dem Hügel **Ag. Anna**, der etwas ausserhalb der Ortschaft liegt. Die Aussicht von dieser Erhebung aus ist überraschend: Vor dem Betrachter liegt die ägäische See, die nahe Insel Antiparos, um die herum sich zahlreiche kleine Inselchen gruppieren und weiter hinten taucht am Horizont die Insel Syphnos auf. Der Hafen ist der Ausgangspunkt einer weiteren Hauptstrasse, die Marktstrasse, mit ihren zahlreichen Geschäften. Das bunte Bild, das die vielfarbigen Geschäfte mit ihren kleinen Eingängen und Schaufenstern bieten, wird von erblühten Bouganvillen und rankendem Jasmin, die die weissen Hauswände emporklettern, noch weiter verstärkt. Zwischen diesen beiden Hauptstrassen erstreckt sich die Siedlung des Kastros. Hier gehen die schmalen, mit Natursteinplatten gepflasterten Gassen zwischen den weissen Würfeln der Häuser von Paroikia ihre eigenen Wege.

Am höchsten Punkt der Stadt befindet sich das malerische Kastro.

Das Kastro

Im Südwesten des Hafens von Paroikia liegt das Kastro. Diese Ecke ist wohl der malerischste Fleck, den der Ort zu bieten hat. Während der Herrschaft der Venezianer war das Kastro eines der drei Burgen, die damals von ihnen auf der Insel errichtet wurden.

Hier lohnt sich ein Spaziergang ganz besonders. Stundenlang kann man in den engen Gassen herumschlendern.

Mal sind sie so schmal, daß sich zwei Leute kaum begegnen können, dann wieder werden sie etwas breiter und hin und wieder weiten sie sich zu kleinen Plätzen.

Sie führen den Spaziergänger unter dichten, schattigen Weinpergolen entlang und man kommt an Häusern vorbei, deren überdachte Balkone von verzierten Marmorsteinen abgestützt werden. Ab und zu befindet man sich plötzlich unter Terrassen, die die schmalen Wege überspannen und für Kühle sorgen. Aber wo auch immer man seinen Schritt hinlenkt, immer atmet man die typische Inselatmosphäre um sich herum.

Der rechteckige Hauptturm des Kastros. Er wurde aus antikem Baumaterial erbaut.

Man steigt Treppen mit Rundbögen hinauf, kommt an aus Fels gehauenen Säulen vorbei und erreicht auf seinem Wege die Konstantin-Kirche. Diese einschiffige Kuppelkirche beherbergt bedeutende Ikonen und kostbare Kleinode. Neben ihr befindet sich ein kleines Kapellchen. Die Kirche wurde im 17. oder 18. Jahrhundert erbaut. Von ihrem Vorplatz aus man einen wunderschönen Blick auf das blaue Meer und die Bucht von Paros.

Schaut man sich weiter um, sieht man das langgestreckte Kap von Agios Phokas und die beiden steilen Felsinseln. Diese Schiffsdurchfahrt wird von den Einheimischen treffend auch "Pforte" genannt.

Wenn man weiter im Kastro herumspaziert, kommt man an Resten von venezianischen Mauern vorbei und trifft auf zahlreiche Kirchen: Einige von ihnen sind die Panagia tou Stavrou (erbaut 1514) und die Tonnengewölbe-Basilika Ag. Aikaterini.

Diese Basilika fällt durch ihren ebenfalls tonnengewölbeartigen rechteckigen Vorbau an der Südseite auf. In ihr befinden sich interessante Ikonen aus dem 17. Jahrhundert.

Weiterhin findet man auf dem Weg die Kirchen Ag. Ioannis, Ag. Stelianos, Ag. Onouphrios und Ag. Markos.

Wenn man in den schmalen Gassen herumschlendert, fallen einem im Süden und im Osten des Ortes immer wieder Mauerreste ins Auge, die aus venezianischer Zeit stammen. Die größeren Überreste sind stellenweise sogar noch bis zu einer Höhe von vier bis sechs Metern erhalten.
Die Mauer, die die westliche Seite des Kastros begrenzt, wurde 1771 durch heftigen Wellengang vom Meer zerstört und im Jahre 1888 wieder neu aufgebaut.

Neben dem rechteckigen Turm steht die kleine weisse Kirche Ag. Janni.

Während des Aufenthalts auf der Insel sollte man all die Sehenswürdigkeiten besuchen, wie die Kirchenanlage Katapoliani, das Archäologische Museum, die charakteristischen Windmühlen, das Haus in dem die bekannten Revolutionärin von 1821,

Manto Maurogenes starb, und die Marmorlilie, die Nikolaos Maurogenes der Stadt 1777 stiftete, dem der Dichter O. Elitis folgende Zeilen widmete:

"Wohin Euer Fuß auch tritt,
ich rufe,Brüder, laßt es fließen,
einen Quell laßt fließen,
Euren Quell des Maurogenes"

Läßt man das Kastro hinter sich, kommt man zu der sogenannten kleinen "Weißen Siedlung".

Hier findet man an den Plätzen und in fast jeder Gasse wunderschöne Kirchen: Agios Antonios (die alte katholische Kirche, die dicht bei der Katapoliani liegt) bei der noch Reste eines fränkischen Klosters zu finden sind, das um 1700 von Kapuzinermönchen gegründet wurde. Man trifft auf den großen kuppelförmigen Sakralbau Koimisis tis Theotokou, in deren Inneren eine Inschrift das Jahr 1896 anführt, oder die einschiffige Kuppelkirche Evangelistria mit ihrem zweibögigen Glockenturm und der flachgedeckten Narthex, die einer Inschrift nach aus dem Jahre 1645 stammt und deren Ikonen im Templon im 17. und zu Beginn des 18. Jh. gemalt wurden. Weitere Kirchen sind die Flachbasilika Agios Georgios und Agia Kyriaki, Zoodocho Pigi, Agios Nikolaos, Theotokou, Agios Phanouris, Agios Ioannis Prodromos und Agia Septembriani.

DIE KATHEDRALE KATAPOLIANI

Die Kirche Ekatontapyliane ist der Heiligen Jungfrau geweiht. Sie ist im Stil einer trullischen, dreischiffigen Kreuzbasilika erbaut.

Das bedeutendste Baudenkmal aus frühchristlicher Zeit auf Paros und die drittwichtigste Kirche im griechischen Raum nach der Achiropieta und der Ag. Dimitris in Saloniki, ist die Kathedrale Katapoliani.
Ihr weiterer Name "Ekatontapyliane", was "Einhundert Türen" bedeutet, hat seinen Ursprung in der byzantinischen Überlieferung, die von neunundneunzig Türen spricht und einer hundertsten Geheimtür, die man nur dann entdeckte, wenn Konstantinopel wieder christlich würde. Ihre Größe ist tatsächlich erklärungswürdig. Ähnliche Größenordnungen gebrauchte Homer, um das ägyptische Theben zu beschreiben. Der Name "Katapoliani" muß eine Verballhornung des Ausdrucks "kata tin poli" sein, was soviel wie "Unterstadt" heißt und ihren Standort in der antiken Stadt beschreibt.

Um ihren Bau ranken sich viele Legenden. Eine davon berichtet, daß die Hl. Helene, Mutter von Kaiser Konstantin auf dem Weg ins Heilige Land, wo sie die Verehrung des Kreuzes einführte, Unterschlupf in Paros fand. Der sichere Hafen rettete sie und ihre Begleitung, als auf See ein schweres Gewitter über sie hereinbrach.
Sie gelobte, dort eine bedeutende Kirche zu bauen, wo sie beherbergt wurde und sie der Hl. Jungfrau zu widmen, wenn das Heilige Kreuz gefunden und nach Konstantinopel gebracht würde. Eine andere Legende

Das Baptisteirion der Ekatontapyliane. Es ist der älteste Teil der Kirche. Als die Kirche gebaut wurde, hielt man hier nur die Taufmythen ab. Im inneren Teil ist noch das kreuzförmige Taufbecken erhalten, in dem die Taufen vollzogen wurden.

berichtet, daß die Kirche im 6. Jh. während der Zeit Justinians gebaut worden wäre. Erbauer sei Igantius, eine Schüler von Isidor, dem Architekten der Ag. Sophia in Konstantinopel. Letzterer sei so von sich überzeugt gewesen, daß er, als ihn sein Schüler einlud, die Kirche zu besichtigen, aus Neid über die Vollkommenheit des Werks versuchte, ihn vom Dach zu stürzen. Im Sturz riß Ignatius seinen Lehrer mit sich, so daß beide ums Leben kamen.

Die Kirche ist im nordöstlichen Teil der Stadt erbaut. Sie ist eine kreuzförmige Basilika mit Trullo und ihre heutige Erscheinung verdankt sie der Erneuerung unter Professor Orlando, der die Arbeit 1959 begann und 1964 beendete.

Das Bauwerk besteht aus der Hauptkirche, der Hl. Jungfrau gewidmet, und den Seitenkirchen im Norden,die dem Hl. Nikolaus, dem Apostel Philippus und der Hl. Anargyroi gewidmet sind und dem Baptisteirium im Süden der Hauptkirche.

Zur Zeit des Kaisers Justinian, in der Mitte des 6. Jh., wurde die Kreuzkuppel-Basilika auf den Ruinen der vorhandenen dreischiffigen Basilika, die ihrerseits auf dem Mosaikboden eines großen Gebäudes von 300 n.Chr., das als Gymnasion diente, erbaut. Bei Renovierungsarbeiten kam das Mosaik zum Vorschein, es zeigt Szenen der Heldentaten des Herakles.

Das kreuzförmige Marmor-Taufbecken mit der kleinen Säule in der Mitte ist einzig in Griechenland.

Im Inneren der Ekatontapyliane findet man Wandmalereien, Reliefs, Holzschnitzereien und Ikonen.

Der Grund Justinians, einen solch bedeutenden Sakralbau auf einer kleinen Insel der Ägäis zu errichten war, die griechisch-christliche Gemeinde stärker zu binden. Übereinstimmend mit vielen Meinungen, wurde der Bau in der Zeit von Konstantin dem Großen errichtet. Erwähnenswert ist, daß die Seitenkirchen schon vorher bestanden und sich die Hauptkirche zwischen sie zwängte.

Das Baptisteirium, Johannes dem Täufer gewidmet, hat die Form einer dreischiffigen Basilika mit Kuppeldach und Apsiden und ist sehr gut erhalten. Im Inneren findet man ein kreuzförmiges Taufbecken aus Marmor mit einem Säulchen in der Mitte, das einmalig in Griechenland ist.

Die Ausschmückungen enthalten Wandmalereien, Ikonen und Marmorreliefs. Das älteste Fresko (11. oder 12. Jh.) im Baptisteirium zeigt den Heiligen Georg. Die bedeutendsten Bilder sind die der Hl. Jungfrau, von der man sagt, sie sei von Apostel Lukas gemalt, der Hl. Dreieinigkeit (17. Jh.), der Hl. Jungfrau Ekatontapyliani (12. Jh.) und des Erzengel Michael (17. Jh.).

DIE SAKRALKUNSTSAMMLUNG DER KATAPOLIANI

Im Erdgeschoß der Kirchenanlage, das speziell dafür ausgebaut wurde, ist eine Sammlung von Ikonen und Devotionalien zu sehen. Die Sammlung umfaßt Arbeiten, die sich schon seit Jahrhunderten in dem Kirchenkomplex befinden, aber auch Stücke aus anderen Kirchen von Paroikia und Kirchengaben. Es sind nachbyzantinische Ikonen, Kirchenschnitzereien, Gewänder für die Gottesdienstausübung, Goldschmiedearbeiten und Kunstgegenstände aus Metall.

Eine Ikone aus der Sammlung der Ekatontapyliane.

DAS ARCHÄOLOGISCHE MUSEUM VON PAROIKIA

Das Archäologische Museum befindet sich neben dem Gymnasium von Paroikia. In ihm sind Funde aus Paros, Saliagkos und Antiparos ausgestellt.

Statue der Artemis. Sie datiert etwa 490-480 v.Chr. Paroikia, Archäologisches Museum.

Im Flügel A:

-Bilhauerarbeiten aus dem 6. Jh.v.Chr. -die Statue der Gorgou, Kouren und Kores-,

-Grabstelen und Inschriften aus archaischer Zeit,

-zwei Großplastiken- eine der Athene Promacho (480-470 v.Chr.) und eine, wahrscheinlich der Artemis (Beginn des 5. Jh.v.Chr.),

-zwei Reliefplatten, etwa 500 v.Chr. wahrscheinlich aus dem Archilocheion,

-Vasen des 7. Jh.v.Chr. aus paroikischen Werkstätten,

-zwei Votivreliefs aus dem frühen 6. Jh.v.Chr.,

-Arbeiten aus dem 5. Jh.v.Chr. -die Statuen der Nike und der Artemis, Stücke von Stelen und Säulen u.a.

Im Flügel C:

-Funde der Saliagkos-Kultur aus der frühen Jungsteinzeit (5300-4500 v.Chr.) und den Akropolen von Kastro (2300-1600 v.Chr.) und Koukounaria,

-Gegenstände aus frühkykladischer Zeit (3200-2400 v.Chr.),

-frühkykladische Idole aus Marmor,

-Grabstelen von etwa 700 v.Chr.,

-Funde aus dem Heiligtum des Delion Apollon,

-das Bruchstück der "Parischen Chronik", wohl das bedeutendste Ausstellungsstück.

Grabstele mit Motiv. Letztes Drittel des 2.Jh.v.Chr. Paroikia, Archäologisches Museum.

Ein Inschrift in attischem Dialekt in Marmor aus der Zeit des Athener Regenten Diognetos (264/263 v.Chr.), das eine chronologische Aufzählung der archaischen griechischen Geschichte beinhaltet. Es schließt 1318 Jahre ein, beginnend in der Zeit des mythischen Königs Kekropas, der ebenfalls Athen regierte, bis zu Diognetos.

Es hält besonders die kulturellen Begebenheiten fest, wie Geburten von Dichtern und Schriftstellern, Einführung von Wettkämpfen, Einweihung von kultischen und anderen Festen u.a. Das politische- und Kriegsgeschehen wird nur beiläufig erwähnt. Die Anführung der Geschehen beginnt in älterer und endet in neuerer Zeit.

Ein Teil der Chronologie wurde 1627 in Paros entdeckt, von dem englischen Grafen Arundel gekauft, und landete im Museum Ashmolean in Oxford. Das hier gezeigte Bruchstück ist kleiner und wurde 1897 entdeckt. Es umfaßt die Zeit von 366 bis 299 v.Chr.

-Gegenstände aus dem Ende des 6. Jh.v.Chr. bis zum 2. Jh.,

-Grabreliefs,

-geometrische Vasen (Ende des 8. Jh.v.Chr) aus der Nekropole von Paroikia u.a.

Ägyptische Idole, Fayence aus Delos. 6. Jh.v.Chr. Paroikia, Archäologisches Museum.

In Halle B:

Zwei Votivtafeln aus dem Heiligtum der Göttin Eileithya, Idole aus Ton, Gegenstände aus Marmor, Vasen aus hellenistischer Zeit aus dem Friedhof von Paroikia u.a.

In der Vorhalle finden sich ein Säulenkopf im ionischen Stil aus dem Heldendenkmal des Archilochos (6. Jh.v.Chr.), Inschriften, ein Pferdetorso (490-480 v.Chr.), ein Inschriftenkapitell aus dem 5. Jh.v.Chr. u.a.

Im Museumshof wird ausgestellt: Ein Mosaik aus dem 3. Jh.v.Chr., das den Herakles bei der Jagd zeigt, zum Gebäude des Gymnasions gehörte und bei der Erneuerung der Katapoliani gefunden wurde, Marmorsarkophage (2.-3. Jh.), die auch dicht bei dem Kirchenkomplex gefunden wurden, u.a.

Rechts: Marmorsarkophage auf dem Vorplatz des Archäologischen Museums von Paroikia.

Rechts außen: Ausstellungsstücke auf dem Vorplatz des Archäologischen Museums von Paroikia.

Sehenswürdigkeiten bei Paroikia

Bevor man die Stadt verläßt und sich in das Innere der Insel begibt, kann man das **Kloster Ag. Anargyron** besuchen, das 1660 gegründet wurde und sich an den Hang des niedrigen Hügels klammert, der sich im Süden von Paroikia erhebt. Der Blick von hier hinunter auf den Ort Paroikia ist wunderschön. Man hat die weißen Häuser zu seinen Füßen, die sich vom dunkelen Blau des Meeres abheben. Zwischen den weißen Würfeln der Bauten liegen dunkelgrüne Wäldchen und die roten Türme der Katapoliani überragen den Ort. Außerhalb von Paroikia erstreckt sich der Strand von **Livadia** (rechts vom Hafen), dessen flaches Wasser von Tamarisken gesäumt ist, und von hier aus kann man mit dem Auto weiter in nordwestlicher Richtung bis zu den Stränden von **Kaminia**, **Krios** und **Ag. Phokas** fahren. Von Paroika aus kann man auch **Delio** besuchen, wo das Heiligtum des Apollo Delio ausgegraben wurde. Der Feldweg, auf den man vor der Abzweigung nach Krio trifft, führt nach **Kalami**, einer der schönsten Gegenden der Insel, geprägt von Grün und fließendem Wasser.

Seite 76: Das Kloster Ag. Anargyros.

Das Heiligtum des Apollon Delio.

Ausflüge über die Insel

Bei den ersten Ausflügen lernt man den Norden und Nordosten der Insel kennen, wo sich auch seine zweitgrößte Ortschaft, Naousa, befindet. Setzt man seinen Weg weiter fort, kommt man ins Inland zunächst zu dem schönen Ort Leukai und von dort aus nach Dryos, das schon touristischer eingestellt ist. Ein dritter Ausflug hat als Ziel die Gegend im Südwesten von Paroikia und führt bis Pounta, Alyki und Agkairia.

Die guten Straßen machen das Reisen zu einem Vergnügen. Ein Straßennetz führt rund um die Insel, das andere erschließt das Innere und verbindet die westliche mit der östlichen Küste.

Ehe man Paros verläßt, erwartet den Besucher noch das nahegelegene, malerische Antiparos mit seiner kleinen Siedlung, den schönen Stränden und seiner unbeschreiblich schönen Tropfsteinhöhle.

Naousa (rechts außen) befindet sich an der Nordküste von Paros. Der Strand von Papasporou (rechtes Bild) liegt südlich von Paroikia.

WATER PARK
SANTA MARIA

Korakas
Ag. Ioanni
Laggeri
Santa Maria
Kolymbethres
NAOUSA
Kamares
Archilochos
Ag. Andrea
Ampela
Loggobardas
PAROIKIA
Molos

1. Rundfahrt

Kloster Loggobardas-Naousa-Ampela-Marmara

Ausgehend von Paroikia bringt uns die Straße in den Nordosten der Insel zu dem schönen Naousa. Gleich zu Beginn liegt bei Christos, der Höhe, die die Ebene von Kamara beherrscht, rechts der Straße die einschiffige *Basilika Metamorphosis Sotiras*, die mit einem Fassadentrullo aus dem 17. bis 18. Jahrhundert gedeckt ist. In **Tris Ekklisies** (Dreikirchen), das in der Gegend von Elita liegt, an der Nordseite des Verlaufs der Straße Paroikia-Nausa, finden sich die Ruinen von drei Kirchen. Die beiden später gebauten Kirchen befinden sich an der Stelle einer frühchristlichen Basilika aus dem 6.Jh. In den Ruinen der Basilika wurde ein ionischer Säulenkopf aus dem 6.Jh.v.Chr. gefunden in den im 4. Jh.v.Chr. eine Inschrift eingemeißelt wurde, die besagt, daß es sich um eine Weihgabe für das Grab des Archilochos handelt. Dieser Fund brachte die Wissenschaftler zu der Annahme, daß das Denkmal, obwohl es nicht identifiziert wurde, dem hier befindlichen **Archilocheion** zugeschrieben werden konnte, dem Ehrengrab, das die Parier zum Gedenken an Archilochos errichteten.

Die Ruinen dreier Kirchen in Tris Ekklisies.

Das beeindruckende schneeweiße Kloster von Loggobardas hebt sich aus dem Bergrücken hervor.

In der Gegend von Elita erhebt sich auch der mittelalterliche **Turm Arapi**. Es handelt sich hierbei um einen der zwei mittelalterlichen Türme, die sich in Paros erhalten haben. Der zweite ist der Turm Alisaphas in Petaloudes (siehe 3. Rundfahrt).
Nach etwa 4 Kilometern nordöstlich von Paroikia führt eine Abzweigung von der Hauptstraße zu dem **Mönchskloster Loggobardas**. Blendendweiß liegt es am grünen Hang des Berges. Die Aussicht von hier aus ist überwältigend. Im Vordergrund liegt die fruchtbare Ebene von Kamares und etwas weiter entfernt heben sich einige weiße Windmühlen ab. Das Kloster ist der Hl. Jungfrau mit dem Beinamen "Lebensspendender Quell" (Soodocho Pigis) geweiht und wurde 1638 von dem Mönch Christopheros Palaiologos gestiftet, der in Naousa geboren wurde und auch dort seine Erziehung bekam. Das Kirchenschiff enthält Wandmalereien aus dem 17. Jahrhundert und im Kloster selbst befindet sich eine wertvolle Bibliothek. Es gibt eine Werkstatt für Heiligenschriften und dem Kloster ist eine Unterbringungsmöglichkeit angegliedert.
Zu dem Kloster (zu dem Frauen keinen Zutritt haben) führen zwei Abzweigungen von der Hauptstraße Paroikia-Naousa aus. Ein Feldweg, der zwischen den beiden Abzweigungen verläuft, führt zu dem **Kloster Tachiarchon** aus dem 16. Jahrhundert.
Kurz darauf kommt man an eine weitere Abzweigung der Hauptstraße. Verfolgt man sie, dann kommt man zu dem **Dorf Kamares**, von wo aus man auch direkt nach Paroikia gelangt.
Nach dem Abzweig nach Kamares führt eine Nebenstraße rechts von der Hauptstraße zu dem von einer Wehr umgebenen nachbyzantinischen privaten **Kloster Ag. Andreas** (es gehört der Familie Zoumi) mit seinem vergoldeten geschnitzten Templon und den Privatgräbern aus dem Jahre 1718. Der Sage nach soll das Kloster all denen Glück bringen, die in ihm getauft werden. Daher lassen noch heute viele Parier ihre Kinder hier dieses Sakrament empfangen.

Bevor man nach Naousa kommt, trifft man auf den Abzweig zu dem wohl bekanntesten Strand von Paros, den Kolymbethres. Auf dem Weg zu diesem Strand erhebt sich linker Hand der **Hügel Koukounaria**, auf dem eine Akropolis aus mykenischer Zeit (siehe Seite. 22) und ein antiker Tempel aus dem 7.Jh.v.Chr. entdeckt wurde. Dicht bei dem Tempel wurde ein Lager gefunden, in dem sich Keramiken mit Inschriften für die Athene und weitere Gegenstände aus dem 8. bis 4.Jh.v.Chr. befanden.

Die **Kolymbethres** liegen an der westlichen Seite der großen Bucht von Naousa, etwa 5 Kilometer von der gleichnamigen Ortschaft entfernt. Es sind weiße, vom Salzwasser der See abgeschliffene Felsen, die einen goldgelben Sandstrand begrenzen, der von dem durchsichtigen Wasser der Ägäis bespült wird.

Von Kolymbethres aus führt die Straße weiter nach Norden und ehe man das stürmische **Kap Koraka** mit seinem weißen Leuchtturm erreicht, findet man direkt am Strand in der Gegend von Katholiko das mächtige weiße **Kloster Ag. Ioannis Deti** aus dem 16. Jahrhundert. Zu dem Fest des Heiligen wird hier im Sommer eine Kirchweih abgehalten. Östlich von dem Kloster erstrecken sich die Strände der Nacktbader.

Die Nordküste von Paros besteht aus Sandstränden. Das Kap von Koraka.

ΤΑΒΕΡΝΑ

← Die Kolymbethres.

Naousa

Das malerische Naousa liegt in der Tiefe einer ausgedehnten Meeresbucht, die den gleichen Namen trägt. Gegenüber von Nauosa ist die kleine **Felsinsel Ag. Kales** zu sehen. Auf der Mitte dieses Inselchens ist die kleine weisse Kapelle Analipsis erbaut. Das trockene Eiland dieynte den Russen in den Jahren von 1770 bis 1777 als Befehlsstand.

Naousa gegenüber der Insel der Ag. Kales, die in der Bucht liegt. Das Innere der kleinen Stadt besticht mit der Kunstfertigkeit und dem Erfindungsgeist seiner Handwerker.

In der Tiefe der Bucht gingen von Zeit zu Zeit auch die Piraten vor Anker, die ab dem 7. Jahrhundert die Ägäis heimsuchten. Im 14. Jahrhundert wurde der Ort Nauosa von der venezianischen Adelsfamilie Sommaripa zum Schutz mit Wehrmauern befestigt. Widerpart war in jener Zeit das "Herzogtum der Ägäis", das seine Metropole auf der gegenüberliegenden Insel Naxos hatte. Teile des wehrhaften Kastros haben sich bis in die heutige Zeit erhalten: Abschnitte der alten Mauern und die Reste eines Tores im Westen, das in Richtung Ag Nikolaos weist. Von den Befestigungen, die das Kastro zum Meer hin absicherten, ist noch die runde Ruine des Vorwerks erhalten, das sich auf einem 4 Meter hohen Felsblock erhob, der den Hafen nach Norden hin abschloss. Dieses Vorwerk war mit einer Brustwehr und einem Turm im Inneren ausgestattet. Über dem Erdgeschoss wölbte sich eine Kuppel. An der Westseite ist noch eine Treppenstufe aus Marmor erhalten, die früher wohl Teil des Tores gewesen sein muss. Die gesamte Anlage war aus behauenen und aus kleineren, rohen Steinen erbaut und hatte durch einen schmalen Landstreifen Verbindung mit dem Festland. Hier hatte der letzte venezianische Herrscher von Paros, Bernardos Sagredos, dem Piraten Barbarossa getrotzt, der im Jahre 1537 die Insel angriff. Die Burg von Naousa war den Angriffen des Piraten aber nicht gewachsen, und so zog sich Sagredos auf das Kastro von Kephalou zurück. Diese Burg liegt nordöstlich von Marpissa (siehe 2. Rundfahrt). Schließlich musste Sagredos die Insel dem neuen Herrscher überlassen. Im 17. Jahrhundert ging die russische Kriegsflotte in Naousa vor Anker und das

ΒΑΣΙΛΗΣ ΘΕΟΔΟΣΗΣ ΝΠ 74

← ***Der idyllische kleine Hafen von Naousa.***

Kastro wurde wieder instand gesetzt. Während der Dauer des russisch-türkischen Krieges diente es den Russen als Hauptquartier. Das heutige Bild von Naousa, der "Zivilisation des Meeres" ist einmalig. Die für das östliche Mitelmeer charakteristischen, Kaiki genannten Boote und die Fischerboote schaukeln leicht im ruhigen, blauen Wasser des alten, kleinen Hafens der Stadt. Das weissgetünchte Kirchlein Agios Nikolaos leuchtet vom Rande des Kais herüber, daneben liegen die ausgebreiteten Netze der Fischer. Gegenüber, an der Hafenmole, steht eine kleine Fischtaverne an der anderen, alle haben ihre Tische und bunten Stühle einladend gruppiert. Dahinter sieht man die weissen, zweistöckigen Häuser der alten Siedlung von Naousa. Sie sind eines an das andere gebaut und drängten sich so in den Schutz des venezianischen Kastros. Der begrenzte Raum, den die wehrhaften Mauern boten, musste in den schwierigen Jahren des Mittelalters so gut als möglich genutzt werden. Zwischen den Häusern verlaufen enge, gepflasterte Gassen hin und her, übermauert mit steinernen Bögen und geschmückt von duftendem Basilikum in tönernen Blumentöpfen. Es ist eine Freude, hier herum zu spazieren. Überall in diesen schmalen Gassen trifft man auf kleine, schneeweisse Kirchen, deren Glockentürme

Eindrücke von Naousa.

ins Auge fallen. Unter all den Kirchen fällt die dem Heiligen Athanasios geweihte besonders auf. Sie wurde im 17. Jahrhundert erbaut. Während der Jahre der türkischen Besetzung beherbergte sie eine sogenannte "Geheime Schule", in der auch Athanasios der Parier lehrte. Bei ihm handelte es sich um den Katholikus des gleichnamigen Klosters, das gleichzeitig sowohl den Katholiken als auch den orthodoxen Christen diente.
Geht man weiter, kommt man zu der Kirche Agios Ioannis Theologos (auch sie stammt aus dem 17. Jahrhundert). Sie hat im 18. Jahrhundert durch ihren Schreiber Georgios Mostrato Geschichte gemacht. Nach kurzer Zeit kommen wir zur Kathedrale der Heiligen Jungfrau und zur Kirche der Schutzheiligen von Nauosa, der Ypapante (auch Pantanasa oder Pentanousa genannt). In ihr wird in einem gesonderten Raum die Ikone der Panton Chara aufbewahrt, die aus dem 16. Jahrhundert stammt. Die heutige Kirche steht dort, wo früher eine Kapelle des Heiligen Basilius stand.

Weiter zum Zentrum der alten Siedlung hin, nahe dem Hafen, steht die katholische Kirche des Heiligen Georg. Hier befinden sich die Gräber des Piraten Augustino und dreier venezianischer Feldherren des Bernardos Sagredos. Schließlich stossen wir auf die Kirche Ag. Nikolaos ton Mostraton. Sie ist auf der einen Hälfte mit einem Trullo gedeckt, während ihre andere Hälfte ein Flachdach aufweist. Auffallend sind ihr doppelbögiger Glockenturm aus Marmor und die roten Türfenster. Naousa ist eine kleine Stadt, in der sich alles regt. Den munteren Bewohnern ist es zu verdanken, dass die Stadt nicht nur in den vom Tourismus geprägten Sommermonaten lebendig ist. Die Bürger der Stadt haben viele Aktivitäten entfaltet: Es wird versucht, alte Traditionen wieder aufleben zu lassen,und der entstandene Verein für Brauchtum hat die Musikkapelle "Naousa Paros" gegründet. Sie führt Tänze auf und zeigt griechische Trachten der Insel aber auch Trachten des übrigen Landes und Trachten, die aus-

Der freundliche kleine Fischerhafen von Naousa lädt Einheimische und Fremde ein.

Ausstellungsstücke aus der Sammlung der Musik- und Tanzgruppe "Naousa Paros".

serhalb der Grenzen von den Griechen der Diaspora getragen werden. Der Verein ist in einem traditionellen Haus untergebracht (es ist von Mai bis September geöffnet). Hier werden verschiedene Gegenstände, Möbel, alte Fotografien und Gravuren ausgestellt. Der gleiche Verein organisiert Theatervorstellungen und Tanzveranstaltungen und veranstaltet Musiktage bei denen traditionelle Lieder auf den alten Instrumenten der Insel gespielt werden (siehe Auskünfte, Seite 140). Neben der Kirche Ag. Athanasios befindet sich das **Byzantinische Museum** von Naousa. Seine Sammlung enthält unter anderem auch wertvolle Ikonen. Während der Sommermonate ist in Naousa auch die Galerie Adam geöffnet. Hier werden Arbeiten zeitgenössischer griechischer Künstler ausgestellt.
Wenn man der Umgehungsstrasse von Naousa folgt, kommt man bei Merobigli zu dem privaten **Kloster Ag. Georgios** (es gehört der Familie K. Arkouli). Das Kloster wurde im 17. Jahrhundert erbaut und von ihm aus hat man einen sehr schönen Blick auf Nauosa und das blaue Wasser

Die Bucht von Laggeri.

Rechts: Santa Maria.

der Ägäis. In seinem Katholikus ist ein hozgeschnitzter Templon zu sehen, Fresken aus dem gleichen Jahrhundert zieren die Wände. An der Ostseite der Bucht von Naousa gräbt sich die Bucht von Laggeri in das Land. In ihr liegt die **Insel Oikonomou**, die von 725 bis 654 v.Chr. besiedelt war. Auf dieser Seite der Bucht findet man auch die Strände **Xirafa** (3 Kilometer) und **Laggeri** (4 Kilometer). Gegenüber, dicht bei Laggeri, erstreckt sich der goldene Strand von **Santa Maria** (Ag. Maria), der von den Freunden des Windsurfing sehr geschätzt wird. Zu diesem Strand kommt man, wenn man der Asphaltstrasse folgt, die östlich von Naousa verläuft (nach 4 Kilometern). Im Süden wird die Bucht von Santa Maria von der kleinen **Insel Philitzi** geschützt. Auf ihr befinden sich Überreste aus der Antike. In der der Insel gegenüberliegenden Gegend liegen einige der schönen Strände von Paros.

Naousa.

***Oben rechts:* Molos.**

***Unten rechts:* Santa Maria.**

Auf der Strasse Naousa-Santa Maria geht rechts nach der Kreuzung, die nach Xirafa führt, ein Feldweg ab. Verfolgt man diesen Weg parallel der Küste weiter in Richtung Süden, dann kommt man zu dem malerischen Fischerdorf **Ampela**. Nach Ampela kommt man auch auf der Asphaltstrasse, die von Naousa aus südwärts zu den Dörfern Leukai, Prodromos und Marmara führt. Man muss dem Abzweig folgen, der etwa einen Kilometer hinter Naousa links abgeht. Von Ampela aus geht es auf dem Feldweg weiter nach Marmara. Er durchquert die grosse Ebene von Nauosa und linker Hand führen Wege zu den schönen Sandstränden von **Glyphades** und **Tsoukalia**.

Von Marmara aus führt die Strasse nach **Molos**, einem Ort mit einem ausgedehnten Sandstrand, klarem Wasser und einigen Fischrestaurants. Ehe man den Ort erreicht, trifft man wiederum auf einen Feldweg (etwa 500 Meter vorher). Er bringt uns zu der schönen Bucht von **Kalojera**, die mit goldenem Sand und sauberem Wasser zum Baden einlädt.

Eine zweite Strasse verläuft von Marmara aus in Richtung Süden nach Marpissa. Weiter südwestlich durchquert diese Strasse den Süden von Paros. Eine dritte Strasse führt nach Norden durch Prodromos, trifft auf die Hauptstrasse Naousa-Leukai und endet in Paroikia (siehe 2. Rundfahrt).

Der schöne Strand von Ampela.

PAROIKIA
Elita
Marathi
Kostos
Ag. Mina
Moni Thapsanon
Leukai
Prodromos
Marmara
Ag. Antonios
Ag. Pantes
Marpissa
Piso Libadi
Logaras
Aneratsa
Pounta
Ag. Georgios
Mesada
Tsardakia
Neo Chrysi Akti
Agkairia
Chrysi Akti
Aspro Chorio
Dryos
Lolantoni
Glypha
Trypetes

2. Rundfahrt

Paroikia-Marathi-Kostos-Leukai-Prodromos-Marpissa Piso Libadi-Logaras-Chrysi Akti-Dryos

Auf dieser Rundfahrt folgt man der Strasse Paroikia-Leukai-Marpissa und lernt das Inland der Insel Paros kennen. Die sanften, niedrigen Hügel, die kleinen Ebenen, die idyllischen Dörfer, die einsamen Klöster und die vereinzelten Kirchen.

Die Strecke beginnt in Paroikia und gabelt sich dann: die eine Strasse führt nach Naousa (siehe 1. Rundfahrt), die andere Strasse durchquert die Insel von Westen nach Osten und führt an Leukai und Marpissa vorbei.

Nach der Kreuzung bei Leukai lässt man die Gegend von Elita links liegen und ein rechter Abzweig führt zu dem **Nonnenkloster Panaghia Myrtidiotissia**.

In dem Kloster werden Ikonen aus dem 17. und 18. Jahrhundert aufbewahrt. Das Kloster wurde 1935 von dem Pater Theophilos Zerbako auf den Ruinen des Klosters Ypapantes, das aus dem 16. Jahrhundert stammte, gegründet. Es war früher in Besitz des Klosters Nea Moni

Das Kloster Panaghia Myrtidiotissa.

Marathi. Hier befinden sich die alten Stollen der Marmorbrüche die Paros berühmt gemacht haben.

Chios. Am 24. September findet hier alljährlich ein Klosterfest statt.
Der nächste Halt ist das Dorf **Marathi**. In der Gegend dieses Dorfes befinden sich noch die Stollen und die alten Gänge der archaischen Marmorbrüche. Über Jahrhunderte hinweg schlug hier das Herz der Insel. Hier wurde der berühmte "Lychnitis" (griechisch: Ölleuchte), der weisse parische Marmor gebrochen. Seinen Namen erhielt möglicherweise auch von seiner verblüffenden Transparenz. Er ist selbst bei einem Durchmesser von 3,5 Millimetern immer noch durchscheinend, während der italienische Carraramarmor seine Transparenz schon bei einem Durchmesser von 2,5 Millimetern verliert.

Der Marmor spielte für Paros eine wichtige Rolle und war ausschlaggebend für den wirtschaftlichen Aufstieg der Insel. Mit einigen Unterbrechungen waren die Marmorbrüche bis zum 15.Jahrhundert in Betrieb. Später wurden von Einheimischen aber auch von Fremden immer wieder Versuche unternommen, die Produktion wieder aufzunehmen. Wegen technischer oder wirtschaftlicher Schwierigkeiten musste der neuerliche Abbau aber jedesmal eingestellt werden.

Die hervorragende Qualität des parischen Marmors war auch in der Antike geschätzt und begehrt.

Einige der klassischen Höhepunkte der Bildhauerkunst, wie die Aphrodite von Milos und der Hermes des Praxiteles wurden aus ihm geschaffen. In Delos, Epidaurus, Athen, Delphi und Rom trifft man auf ihn. Während der venezianischen Herrschaft war er auch in vielen anderen Städten Italiens anzutreffen. Man sagt, sogar für den Bau des Tempels des Salomon hätte man den parischen Marmor von der weit entfernten Insel auf phönizischen Schiffen nach Palästina geschafft.

Zu den alten Stollen und Schächten, die westlich von Marathi liegen, führt ein Abzweig der Strasse Paroikia-Marpissa. Der Einstieg in die Stollen ist von zwei Eingängen aus möglich. Einer von ihnen führt zu der entdeckten "Höhle des Pana". In ihr befindet sich die Skulptur einer Nymphe, die möglicherweise im 4. Jh.v.Chr. in den Fels gemeisselt wurde. Heutzutage sind Marmorbrüche noch in Leukai und in Marathi in Betrieb.
Hinter Marathi kann man das **Kloster Ag. Mena** besuchen. Es befindet etwa einen Kilometer ausserhalb des Dorfes, im Süden.
Bevor man die nächste Station, das Dorf Kostos erreicht, gelangt man auf einer Abzweigung der Strasse zu der Kirche Ag. Pakou (der Name stammt von dem Wort Ypakon). Die Kirche stammt aus dem 17. Jahrhundert und war ein früherer Besitz des Klosters Chozobiotissa auf der Insel Amorgos. Das Kirchenfest der Ag. Pakou findet jedes Jahr am 2. Februar statt.
Kostos ist der Heimatort von Athanasios von Paros, der zu seiner Zeit ein grosser Lehrmeister und berühmter Theologe war. Aus den Häusern des Dorfes ragt die Kirche Ag. Panteleimon hervor. Sie stammt, ebenso wie ihr Templon, aus dem 17. Jahrhundert.
Südlich von Kostos trifft man auf das **Karavos** (griechisch: Boot), das eine der Sehenswürdigkeiten der Insel darstellt. Es befindet sich in einer Gegend, in der früher Marmorbrüche vermutet wurden. Das Karavos ist ein Felsblock,der der gemeisselten Darstellung eines Schiffes ähnelt, das aber halbfertig von seinem Bildhauer auf-

Kostos ist die Heimat von Athnasios von Paros, dem Lehrmeister und Theologen des Volkes.

Leukai ist eines der schönsten Dörfer von Paros.

gegeben wurde. Diese Stelle ist etwa 15 Minuten zu Fuss von Kostos entfernt. Der Feldweg, der vom Dorf ausgeht, endet kurz vor dem Karavos. Um die Erscheinung des Karavos ranken sich viele Anekdoten. Schließlich erinnert es an ein vor Anker gegangenes Schiff mitten auf dem Festland. Man sagt, die Bewohner von Kostos, die mit dem Meer überhaupt nichts zu schaffen haben, hätten einst das unglaubliche Wagnis unternommen,auf dem Landwege per Boot nach Paroikia zu fahren. Der Bootsfahrt wäre dann aber durch einen Sturm ein jähes Ende gesetzt worden und so hätten sie ihr Ziel mit dem "Boot von Kostos" leider nie erreicht.

Nur 5 Kilometer trennen Kostos von dem malerischen Flecken **Leukai**, einem der schönsten Dörfer der Insel. Seine vielen nachbyzantinischen Kirchen, die engen Gassen, die mit Platten belegten Fußwege, der kleine Dorfplatz, das alte Kafeneion und die weissgekalkten Häuser machen seinen Reiz aus. Das Dorf liegt auf einer kleinen Hochebene, die sich sich am Fusse der umliegenden Berge erstreckt und ist von Oliven, Mandelbäumen, Kiefern und Zypressen umrahmt. Früher war die Landschaft auch noch von Windmühlen geprägt.

Die Frauen von Leukai weben Stoffe von hervorragender Qualität.

Zwischen den Häusern ragt die prächtige, der Dreifaltigkeit geweihte Kirche Agia Triada hervor. Sie weist eine prunkvolle Fassade auf, wird von zwei eindrucksvollen Glockentürmen flankiert und wurde im Jahre 1830 aus weissem parischem Marmor anstelle von drei kleineren alten Kirchen -Analipsis, Ag. Anna und Ag.Georgio-, erbaut. Das Innere der Kirche zieren ein Templon aus Marmor, eine Marmorkanzel und ein Herrensitz, ebenfalls aus Marmor, sowie nachbyzantinische Ikonen, die aus den alten drei Kirchen stammen.

Neben dem alten Kafeneion gibt es ein Hinweisschild auf die "byzantinische Strasse". Sie ist ein Abschnitt der Verkehrsader, die in byzantinischer Zeit von Paroikia ausging, das Innere der Insel durchquerte und in Marpissa endete. Dieses alte, steingepflasterte Strassenstück mit seinen Bogenbrücken verläuft noch heute bis Marpissa. In Leukai gibt es auch ein Heimatmuseum und Werkstätten für Keramik und Webereien.

Von Leukai aus führt ein Feldweg zum höchsten Punkt der Insel. Hier sind die malerischen Kirchen Prophet Elias und Ag. Panton zu sehen. Auf dem Weg nach dort kommt man auf einer Abzweigung auch zu dem **Kloster Ag. Ioannis Kaparou**. Das im Jahre 1646 renovierte Kloster ist umgeben von Kirsch- und anderen Obstbäumen.

Vor der Kuppe der Höhe Ag. Panton führt ein Weg zu dem Dorf

Die Glockentürme der prächtige Kirche Ag. Triada überragen die Häuser von Leukai.

Marmara.

Aneratsa. Zu diesem Dorf, das im Inneren der Insel liegt, kommt man auch auf der Strasse Paroikia-Agkairia (siehe 3. Rundfahrt).
Etwa 4 Kilometer von Leukai entfernt liegt **Prodromos** oder auch **Dragoulas** genannt, ein Ort, der seit der venezianischen Herrschaft bekannt ist. Hier schützten die starken Außenwände der am Rande liegenden Häuser die Ortschaft vor Angriffen, ein Baustil, der auch in Antiparos anzutreffen ist (siehe Seite 126). Der Name Dragoulas leitet sich von dem Namen Trageio Appolon ab. Heute heißt das Dorf nach seiner Kirche Prodromos, die im 17.Jh. erbaut wurde. In ihr sind alte Ikonen und Holzschnitzereien zu sehen.
Prodromos, Marmara und Molos bilden heute die Ortschaft Archilochou. So genannt zu Ehren des parischen Satirikers aus dem 7.Jh.v.Chr.

Marpissa.

Auf der Spitze des Hügels Agios Antonios liegt das gleichnamige alte Kloster.

Östlich von Prodromos befindet sich **Marmara**, ein Dorf mit alten Herrenhäusern und vielen Kirchen. Nach zwei Kilometern erreicht man **Marpissa**. Der Ort ist auf einer Höhe erbaut und zeichnet sich durch die Architektur seiner schneeweißen Häuser aus. Zwischen ihnen finden sich zahlreiche Kirchen, wie die dreischiffige Basilika Metamorphosis mit Bildern aus dem 7.Jh., dem holzgeschnitzten Templon, wertvollen Wandmalereien, die Kirche A. Georgiou, die Evanggelistria und andere.

Von Marpissa aus kommt man auf einem steingepflasterten Weg zu der östlich gelegenen kegligen **Höhe Ag. Antonios** oder Marpissa genannt. Die Hügelkuppe wird von dem alten Kloster Ag. Antonios gekrönt, das aus dem 16.Jh. stammt. Im Inneren des Katholikus ist ein vergoldeter geschnitzter Templon ebenso zu bestaunen wie die wertvollen alten Ikonen, die Fresken und die Kanzel aus Marmor. Auf dieser Höhe befand sich früher das dritte Kastro von Paros, wohin die venezianische Herrscherfamilie Sommaripa ihren Sitz verlegt hatte. In jenen Jahren hießen die Hügel Kephalos (Kopf) und so nannte man das Kastro "Kastro tou Kephalou". Über dieses Kastro, das um 1440 seine Blütezeit hatte, schrieb der Reiseschriftsteller Christophoro Buodelmonti, der ab 1406 für vier Jahre die Inseln der Ägäis bereiste:" *Gegenüber gibt es eine Burg, die man Kephalos nennt. Sie befindet sich auf der Spitze eines hohen Berges, der sich herausnimmt, den Himmel zu berühren. Man kommt dorthin ohne große Schwierigkeiten...*"

Enge Gasse im schönen Marpissa.

1490 wurde das Kastro von Sultan Bagiazit angegriffen, aber die venezianische Flotte kam Nikolaos Sommaripa zu Hilfe. Später, 1537 fiel es in die Hände des Piraten Barbarossa, nachdem der letzte venezianische Herrscher Bernardos Sagredos vergeblich versucht hatte es zu retten. Der Niederlage von Sagredos, seiner Frau Cecilia Venieri und seinem Gefolge folgte eine Metzelei unter den Bewohnern der Insel.

Vom Kloster aus hat man einen

Piso Libadi. →

einmaligen Blick auf das Dorf Marpissa im Westen und auf Marmara. Zum Meer hin sieht man die gewundene Küste mit ihren Stränden und den kleinen Ortschaften: Im Südosten Piso Libadi mit dem idyllischen Hafen und Logaras, im Nordosten das Kap Antikephalou, Molos, Tsoukalia und Glyphades. Vor der Küste sieht man die kleinen vorgelagerten Inseln, die Paros vor Stürmen schützen, etwas weiter entfernt taucht Naxos auf und dahinter erstreckt sich die blaue Ägäis.

Das Kloster Ag. Georgios, wahrscheinlich im 16. Jahrhundert erbaut.

Bevor man Marpissa verläßt kann man noch einen Abstecher zum **Kloster Ag. Georgios**, südwestlich bei der Siedlung Lagadia gelegen, machen. Das Kloster wurde wahrscheinlich im 16.Jh. erbaut und hier lebte auch der Schutzheilige der Insel, der Heilige Arsenios. Zum Kloster kommt man auch von Agkairia aus.

Auch ein Besuch der Gegend **Askoulaki** lohnt sich. Es ist ein wasserreicher, dichtbewachsener Ort an den Ausläufern des Hügels, 4 Kilometer von Marpissa entfernt. Der Weg nach dort verläuft südwestlich vom Ort aus und ist größtenteils geteert.

Von Marpissa aus gelangt man auf einer Abzweigung der Hauptstraße nach Marmara und von dort aus nach Molos (siehe 1. Rundfahrt), eine weitere Gabelung führt nach Piso Libadi, während die Hauptstraße südwestlich nach Dryos verläuft.

Dieser Teil von Paros ist von touristischer Bedeutung. Man findet goldene Strände, Sandbuchten und ein kristallklares Meer.

Der kleine Hafen von **Piso Libadi** mit seiner von Tamarisken umstandenen Sandbucht ist der Ankerplatz von Marpissa. In den Sommermonaten sind Hotels, Fischtavernen und Konditoreien erfüllt vom Treiben der Besucher. Dicht bei steht die Kirche Ag. Georgios, deren Ausschmückungen aus 13. Jahrhundert stammen. Sie ist eine der vier Kirchen auf Paros, die aus byzantinischer Zeit, vom 7. bis 15.Jh., stammen. Die übrigen drei sind die Burgkirche des Kastro tou Kephalou (eine Inschrift in dem Türsturz stammt von 1410), die byzantinische Kapelle von Protorgia bei Naousa und die Evaggelistria von Episkopiana.

Neben Piso Libadi liegt der Strand **Logara**. Auch hier findet man

Rechts oben: Logara.

Rechts unten: Der Strand von Pounta, der sich hinter Logara erstreckt, wird vorwiegend von jungen Leuten besucht.

Sandstrände, klares Wasser, Hotels, Zimmer und kleine Wirtschaften.
Ehe man nach Dryos kommt, das etwa 7 Kilometer von Marpissa und 26 Kilometer von Paroikia entfernt liegt, kann man am Strand von **Nea Chrisy Akti**, in der Gemarkung **Tserdakia**, ein erfrischendes Bad nehmen. Der Ort wird besonders von Surfern geschätzt. Hier werden jeden Sommer die internationalen Surf-Wettbewerbe abgehalten. Setzt man seinen Weg weiter fort, kommt man an den einen Kilometer langen Sandstrand von **Chrisy Akti**, der zu den schönsten der Insel zählt.
Die Reede **Dryos** ist touristisch entwickelt und seine Sandstrände sind ein beliebtes Ferienziel auf Paros. Es gibt Hotels, Restaurants und Cafés. Am Rande des Ufers sind noch einige Überreste des archaischen Paros zu finden. Dryos spielte eine bedeutende Rolle in der Inselgeschichte. Hierher kamen jedes Jahr der Kapoudan Pascha und die Abgesandten der umliegenden Inseln um die sie betreffen-

Der Strand Chrisy Akti ist bekannt für seinen goldgelben Sand und das durchsichtige Wasser.

den Themen zu erörtern (siehe Seite 30). Südlich von Dryos erstreckt sich das Kap Pyrgos. Hier liegt **Pyrgaki** mit seinem schönen Strand. Seinen Namen erhielt es von den Überresten eines mittelalterlichen Turms (Pyrgos). In **Pyrgos** ist man auf eine neolithische Siedlung aus der Bronzezeit gestoßen (siehe Seite 22).

Auch die Strände von Dryos glänzen mit goldenem Sand.

Nächste Seite oben: Pyrgaki

Nächste Seite unten: Glypha.

Seite 113: Lolantoni.

Läßt man Pyrgos hinter sich, kann man sich mit einem Bad im sauberen Wasser der Sandbucht von **Lolantoni** erfrischen. Auf dem Weg der links von der Hauptstraße nach Aspro Chorio abzweigt kommt man hin.

Auf der Straße nach Agkairia kommt man an die Kreuzung, die zu dem schönen Strand von **Glypha** führt. Der Strand ist schon von oben zu sehen. 4 Kilometer nach dieser Kreuzung führt ein Weg zu dem wunderschönen kleinen Sandstrand **Trypetes**. Von hier aus verläuft die Straße nach Westen und man erreicht Agkairia. Von hier aus biegt sie nach Norden ab und endet in Paroikia (siehe 3. Rundfahrt).

PAROIKIA
Parasporos
Ag. Irini
Kloster Dasous
Petaloudes
Pounta
Boutakos
Alyki
Agkairia
Faragga

3. Rundfahrt

Paroikia-Parasporos-Agia Eirini Petaloudes-Kloster Dasous Pounta-Alyki-Agkairia

Bei dieser Rundfahrt folgen wir der Strasse, die von Paroikia aus nach Südwesten verläuft. Die Bucht von **Parasporos** liegt ungefähr 3 Kilometer von Paroikia entfernt. In ihr findet man einen sehr schönen Strand. Bevor man zu der Gabelung kommt, bei der sich die Hauptstrasse teilt und einerseits nach Pounta, andererseits nach Alyki führt, kann man einen Abstecher an die kleine Bucht machen, die an der Westküste von Paros liegt und an deren Innenseite die beiden malerischen Strände **Agia Irini** und **Phinika** liegen. Hier finden wir goldenen Sand und flaches, grünblaues Wasser vor, eingerahmt von Tamarisken und Palmen.

Nach der Kreuzung, die zum Strand von Ag.Irini führt, zweigt links eine schmale Strasse, nur für Peronenwagen befahrbar, zu dem Kloster Dasous ab und bringt uns von dort weiter nach Petaloudes. Bleibt man weiterhin

Der Strand von Paroikia.

auf der Hauptstrasse, kommt man auf einem Abzweig rechter Hand nach etwa drei Kilometern zu der am Meer gelegenen kleinen Ortschaft **Pounta**. Hafen und Ausgangspunkt nach Antiparos.Von hier aus fahren täglich Fähren zu der malerischen Nachbarinsel. Während der kurzen Überfahrt sieht man etwas weiter entfernt die private Insel Reumatonisi und das Inselchen Saliagkos, auf der man bedeutende Besiedlungsfunde aus vorhistorischer Zeit ausgegraben hat (siehe auch Seite 20).
Von Pounta aus kommt man auf einem Feldweg, der durch die gleichnamige fruchtbare Ebene führt, nach Boutako. Der palmenbestandene Sandstrand von **Boutako** erinnert an ein exotisches Land.Fährt man von hier aus weiter, dann kommt man zunächst am Flughafen vorbei und erreicht dann Alyki.
Verfolgt man diese Strasse weiter in südöstlicher Richtung nach Alyki und Agkairia, kommt man nach ungefähr einem Kilometer links an den Abzweig, der zum Schmetterlingstal (Petaloudes) führt (es handelt sich hier um die zweite Gabelung auf der Strasse nach Petaloudes). Von Petaloudes aus führt die gleiche Strasse weiter zu dem Kloster Dasous.

***Seite 116 oben:* Parasporos.**

***Seite 116 unten:* Agia Irini.**

Boutako.

Petaloudes, das etwa 6 Kilometer von Paroikia entfernt liegt, ist ein dunkelgrünes, baumbstandenes, wasserreiches Tal, das seinen Namen von den zahllosen Schmetterlingen bekommen hat, die hier in jedem Frühjahr die Luft erfüllen und zwischen den dichten Blättern der Bäume herumfliegen.

In der Gegend von Petaloudes befindet sich auch das Stück Land, auf dem der Turm Alisaphas steht. Er wurde so nach einem Mitglied der großen venezianischen Familie benannt, dem Jakob Alisaphas, der den Turm im Jahre 1626 erneuerte. Zahlreich sind die Legenden, die sich um dieses Bauwerk ranken. Eine von ihnen besagt, dass in diesem Turm zwölf Brüder lebten, die eine ihnen teure Schwester hatten. Als eines Tages algerische Korsaren den Turm angriffen, brachten die Brüder ihre Schwester um, damit sie nicht in die Hände der Korsaren fiel. Sie selbst starben bei einem mutigen Angriff auf die Eindringlinge den Heldentod.

Petaloudes.

Weiter nördlich, dicht bei Petaloudes, erhebt sich das schneeweisse Bauwerk des **Nonnenklosters Christou Dasous** (Chistus zum Wald) oder auch Agio Arsenis genannt. Es ist der Verklärung Christi geweiht. Hier befindet sich auch das Grab des Heiligen Arsenis, des Schutzheiligen dieser Insel, der in dem Kloster lebte.

Das Kloster Dasous.

Die Hauptstrasse führt nach der Kreuzung von Petaloudes weiter nach Süden, vorbei am Flughafen und teilt sich abermals. Auf der einen Abzweigung erreicht man nach etwa zwei Kilometern den Ort Alyki, der zweite Abzweig bringt uns nach Agkairia und von dort aus weiter ostwärts nach Dryos. Gegenüber vom Flughafen kann man ein kleines Museum besuchen, in dem

Alyki.

Miniaturen von Schiffen, Häusern und Klöstern ausgestellt sind.
Alyki ist ein kleines, malerisches Fischerdorf mit einem kleinen, pittoresken Hafen, Hotels, Fischrestaurants, goldenen Sandstränden, fichtenbestandenen und mit Tamarisken bewachsenen Ufern und einem fast immer ruhigenMeer, dessen Wasser durchsichtig und sauber ist.
In der Gegend von Alyki finden sich drei schöne Strände: Alyki, Piso Alyki und Palia Alyki. Von Alyki aus führt ein Feldweg zum Strand **Faragga**. Hier wartet feiner Sand und ein kristallklares Meer auf den Besucher.
Von Alyki aus führt die Asphaltstrasse zu dem Dorf **Agkairia**, in dem ein traditioneller Bäcker die bekannten parischen Zwiebackkringel zubereitet. Von Agkairia, das 15 Kilometer von Paroikia entfernt liegt, verläuft die Strasse in die südlichen Regionen der Insel und nach Marpissa (siehe 2. Rundreise). Von **Marpissa** aus führt eine Gabelung nach Naousa in den Norden, die andere nach Leukai im Nordwesten und von dort aus nach

Alyki. →

Der Sandstrand vonFaragga.

Antiparos

Gegenüber der Westküste von Paros liegt das malerische, geschichtsträchtige Antiparos. Eine schmale Wasserstraße von 500 bis 1000 Metern Breite trennt die beiden Inseln voneinander. Antiparos hat eine längliche Form, mißt in der Länge 12,5 Kilometer und hat eine Breite von 5,5 Kilometern.

Der Boden der Insel besteht aus Glimmerschiefer und bräunlichem Marmor, im Inneren der Insel sind niedrige Hügel zu finden, der höchste von ihnen ist der Prophet Elias fast in der Mitte der Insel und etwa 310 Meter hoch. Der 57 Kilometer lange Küstenstreifen besteht aus niedrigen, von Büschen bewachsenen Anhöhen, die in kleine Buchten mit klarem Wasser übergehen und wird von zahlreichen kleinen Felseninseln begleitet.

Nur wenig entfernt von Paros liegt gegenüber Antiparos mit seiner gleichnamigen idyllischen Ortschaft.

Geschichte

Außer den Nachbarinseln Saliagkos und Despotiko wurde auch Antiparos, das in alter Zeit den Namen Oliaros trug, seit dem Neolithikum besiedelt. Seitdem ist das Schicksal der Insel eng mit dem von Paros verbunden. Im 15. Jahrhundert fiel sie aus folgenden Gründen unter die Herrschaft der venezianischen Adelsfamilie Loredano. Der damalige Herrscher von Paros, Krousinos A' Sommaripa gab Antiparos als Mitgift seiner Tochter Maria, die den Venezianer Leonardo Loredano heiratete.

Da die Insel eine zeitlang unbewohnt war, wurden Landarbeiter von Loredano auf die Insel gebracht, die die fruchtbaren Ebenen kultivieren sollten und das Kastro wurde gebaut. In 1480 fiel sie zusammen mit Anaphi und Ios an den ebenfalls aus Venedig stammenden Domeniko Pisani. Auf Pisani folgte Lorentano, aber schon bald, 1537, brachte Chaireddin Barbarossa sie unter seine Hoheit und 1566 wurde sie Teil des Osmanischen Reichs. Wie Paros gelangte auch Antiparos von 1770 bis 1774 in die Hände der Russen. Die russischen Befehlshaber brachen damals große Stücke von Stalagtiten aus der Tropfsteinhöhle und verbrachten sie nach Rußland in das Museum von Petersburg.

In den folgenden Jahren war Antiparos Verheerungen und Verwüstungen ausgesetzt, von denen die Plünderung im Jahre 1794 die Schlimmste war. Piraten aus der Mani und von Kephallonia brachten einen großen Teil der Bevölkerung um oder versklavte sie.

Am Aufstand gegen die Türken 1821 nahm Antiparos frühzeitig teil. 1830 wurde die Insel Griechenland eingegliedert.

Gravur der Höhle von Antiparos aus dem Ende des 18. Jh.

Bekanntschaft mit der Insel

Der größte Ort, Antiparos oder auch Kastro genannt, liegt in der nordöstlichen Ecke der Insel in einer Weide- und Kulturlandschaft. Seine weißen Häuser gruppieren sich rund um das venezianische Kastro und säumen die klare Bucht. Im Hafen liegen Kaikis und Fischerboote und hier legen auch die Schiffe an, die Antiparos mit Paros verbinden. An der einen Mole machen die Fähren fest, die vom gegenüberliegenden Pounta kommen, an der anderen die aus Paroikia.
Früher, als es noch keine regelmäßigen Fährverbindungen gab, machte man auf folgende Weise auf sich aufmerksam, wenn man von Pounta gegenüber nach Antipros wollte: Man schlug einfach eine Kirchentür auf und zu und das war das Signal für den Bootsmann. Der kleine Ort wird von schmalen, gepflasterten Gassen durchschnitten, an den weißen Hauswänden blühen Geranien, Bouganvillen und Jasmin. Von der Strandpromenade mit den Tavernen und Cafés führt ein breiter, gepflasterter Weg zum Dorfplatz, den ein Eukalyptusbaum ziert und an dem sich außer den Geschäften die im Jahre 1783 neben dem Eingang zum Kastro erbaute Hauptkirche Ag. Nikolaos befindet.

Die Ortschaft Antiparos heißt auch Kastro.

Der Ort Antiparos wurde im 15 Jahrhundert in einer Phase erbaut. Zuvor befand sich hier nur das oben erwähnte Kastro, von dem noch das in gotischem Stil erbaute Tor an der Südseite zu sehen ist. Dreistöckige Häuser wurden Schulter an Schulter errichtet und ließen einen rechteckigen Platz entstehen. Ihre Außenwände bildeten die Ringmauer des Kastros.
In der Mitte der Schutzsiedlung erhob sich auf dem Platz ein Spähturm, von dem nur noch die Basis erhalten ist, wogegen die meisten der alten Häuser noch erhalten sind.
Antiparos ist ein seltenes Beispiel für die Siedlungsform des 15. Jahrhunderts. 24 zweistöckige Häuser entstanden im Inneren des Kastro, 16 zweistöckige Häuser im äußeren Bereich und 24 einstöckige Häuser rund um dem Außenturm. Im östlichen Bereich des Kastro gab es 104 Wohnungen.
Die Straße, die den Ort durchschneidet, endet an dem nahen Strand **Siphneiko Gialo**.
Von dem Ort aus führt eine Sandstraße zur schönen Sandbucht **Libadi**, die 7 Kilometer weiter südwestlich liegt. Kleine im Norden liegende Felsinseln schützen vor den winterlichen Nordwinden: Dipla, Kabouras und Oros.

Schöne Sandstrände umgeben Antiparos, hier der Strand Fanari (unten und oben rechts).

Die Tropfsteinhöhle von Antiparos

Vom Kastro aus verläuft eine Teerstrasse in Richtung Süden. Sie führt an den drei Stränden der Ortschaft **Psaralykes** vorbei. Nach etwa 8 Kilometern erreicht man den Hügel Agios Ioannis. Hier ist die berühmte Tropfsteinhöhe von Antiparos zu besichtigen. Die Höhle hat eine Tiefe von etwa 90 Metern, sie ist 40 Meter breit und an ihrer höchsten Stelle ist sie etwa 40 Meter hoch. Die Höhle war weitgehend in Vergessenheit geraten, als sie im Dezember 1673 von dem französischen Marquis de Nointel aufgesucht wurde. Der Marquis hatte von einer antiken Statue sagen hören, die sich im Inneren der Höhle befinden solle und die er nach Frankreich bringen wollte. Statt dessen fand er einen riesigen Stalagmiten in der Höhle vor, dessen Form entfernt an einen großen Altar erinnerte. Der Marquis war von dem Gesehenen dermaßen beeindruckt, dass er, da es gerade um die Weihnachtszeit war, beschloss, eine Christmette in der Höhle abzuhalten. Zur Erinnerung ritzte er eine entsprechende Inschrift in die Basis des Stalagmiten.

Die beeindruckenden Stalagmiten und Stalagtiten in der Tropfsteinhöhle von Antiparos.

Obwohl die Stalagmiten und Stalagtiten im Laufe der Jahre grösseren Zerstörungen ausgesetzt waren, ist die Höhle noch immer sehr beeindruckend. Im Vorgewölbe rechts befindet sich die schneeweisse Kapelle Agios Ioannis tou Spilioti und im Zentrum erhebt sich ein gewaltiger Pfeiler, der über und über mit Namen und Inschriften bedeckt ist. In früheren Jahren band man feste Stricke um diesen Pfeiler und liess sich an ihnen in die Tiefe der Haupthöhle hinab. Heute kann man bequem auf einer Treppe aus Zement hinabsteigen. Schon in der Vergangenheit hatte die Höhle viele Besucher. Unter ihnen befand sich das griechische Königspaar Otto und Amalie, der französische Reiseschriftsteller und Botaniker Piton de Tournefort und viele andere, die ebenfalls ihre Namen an verschiedenen Stellen der Tropfsteinhöhle eingeritzt haben. Nach der Abzweigung in Richtung Tropfsteinhöhle führt die Teerstrasse weiter nach Süden. Nach kurzer Zeit erreicht man den Strand von **Sorou** und die wenigen verstreut liegenden Häuser dieser Ortschaft. Südlich von Sorou liegt die Feldkirche Phaneromeni. Die Küste im Norden und im Süden von Phaneromeni ist zergliedert und stark zerklüftet. Kleine verschlungene und vom Wind geschützte Strände bestimmen hier diesen südlichsten Teil von Antiparos. Zu diesen abgelegenen Stränden kommt man auf einem Fussweg, der vom Ort Sorou ausgeht.

Auf einer Strasse gelangt man von Sorou aus nach einer Strecke von etwa 4 Kilometern an die am Meer gelegene Siedlung **Ag. Georgi**. Die schneeweissen Häuser des Orts, der in der Bucht von Despotiko liegt, sieht man schon von weitem, wenn man von oben aus zu dem Dorf hinabsteigt. Das Ende der Bucht mündet in einen Strand mit feinem Sand. Hier ist das Meer sehr ruhig und flach. Die Öffnung der Bucht wird durch die beiden vorgelagerten Inselchen Despotiko und Kimeteri geschützt.

Der Eingang zur Höhle von Antiparos.

Die Meerenge, die Paros von Antiparos trennt. In ihr verstreut liegen zahlreiche Inselchen.

Die umliegenden Inseln

Rund um Paros und Antiparos liegen viele kleine Inseln verstreut im Meer. Die grösste von ihnen ist im Südwesten zu finden. Sie heisst **Despotiko** und ist auch unter dem Namen Episkopi bekannt. In der Antike trug sie den Namen Prepesinthos. Die heutige Insel ist vor allem wegen ihrer schönen Strände beliebt und geschätzt. Der bekannteste Strand auf Desoptiko ist der Strand Libadi. Während des Sommers bauen zahlreiche Besucher hier kunstvolle Burgen aus dem feinen Sand. Heute werden die sanften Hügel der Insel überwiegend als Weideland genutzt. Auf der Insel wurden Überreste einer neolithischen Kultur gefunden. Die Ausgrabungen brachten nebem einem frühkykladischen Grab noch viele andere Fundstücke ans Licht des Tages. Unter anderem auch Skulpturen in Violinform und verschiedene Keramiken. Südlich von Despotiko liegt **Stroggyli**. Es ist das zweitgrösste Inselchen des Archipels und auch auf ihr wurden frühkykladische Idole gefunden. Nördlich von Antiparos liegen dicht an seiner Küste noch weitere kleine Inseln. Es sind die Eilande **Dipla**, **Kabouras** (auch hier wurden frükykladische Idole gefunden) und **Oros**. In der Meerenge, die Paros von Antiparos trennt, finden wir ausser **Saliagkos** (siehe auch Seite 20) eine ganze Anzahl von kleinen Inseln: **Reumatonisi**, die in privatem Besitz ist, **Kokkinos**, **Mauros**, **Tourlos**, **Spyridonisia** und die sogenannten **Panteronisia** (diese sind Toukonisi, Prasonisi, Glaropounta, Tegani und Megalo Nisi) und die Insel **Preza**. Südlich von Paros erhebt sich die Felseninsel Dryonisi aus dem Meer. Im Nordosten liegen die Inselchen **Gaidouronisi**, **Biokastro**, **Durletes** und **Phinisses** und im Osten finden wir die kleine Insel **Philitzi**.

Nützliche Auskünfte

Wie kommt man auf die Insel

MIT DEM FLUGZEUG

Es gibt eine häufige Flugverbindung mit Athen. Im Sommer fliegt die Olympic Airways die Insel mehrmals täglich an, im Winter weniger. Die Flugdauer beträgt etwa 45 Minuten. Der Flughafen von Paros ist 9 Kilometer von Paroikia entfernt. Von Mai bis Ende Oktober bestehen auch Flugverbindungen zu anderen griechischen Städten.

MIT DER FÄHRE

Von Piräus: Autofähren verschiedener Gesellschaften laufen Paros täglich an. Im Sommer häufiger. Die Fahrzeit beträgt 6 Stunden. Im Sommer verkehren von Piräus aus auch Schnellboote, die Paros in ca. 3 Stunden erreichen.

Vom Hafen Rafina aus fahren Autofähren in etwa 5 Stunden und, nur im Sommer bis Anfang Oktober, Schnellboote in etwa 3 Stunden nach Paros.

Nach Antiparos kommt man

Von Pounta oder von Paroikia.

Die Überfahrt von Pounta ist schneller und es gibt Tag und Nacht häufige Verbindungen mit Fähren, die

PAROS
ΠΑΡΟΣ
Naxos
Ikaria - Samos
Cape Korakas
Agios Ioannis M.
Μονή Αγίου Ιωάννη
Cape Almyros
Cape Vorino
GAÏDOURONISSI
ΓΑΪΔΟΥΡΟΝΗΣΙ
VIOKASTRO
ΒΙΟΚΑΣΤΡΟ
Cape Tsaklaki
FOINISSES
ΦΟΙΝΙΣΣΕΣ
Agios Georgios
Langeri Beach
Λάγκερη
Langeri
Λάγκερη
Santa Maria Beach
Σάντα Μαρία
Ormos Naoussas
Vigla
Korakas
Kolymbithres
Κολυμπήθρες
Kolymbithres Beach
Κολυμπήθρες
Ormos Plastira
MAYRONISSI
ΜΑΥΡΟΝΗΣΙ
GALIATSOS
ΓΑΛΙΑΤΣΟΣ
Xifara
Ξιφάρα
FILISI
ΦΙΛΙΖΙ
Naoussa
Νάουσα
Cape Maistros
Agios Ioannis
Theoskepasti
Agia Trias
Kalami
Καλάμι
Kamares
Καμάρες
Livadia
Panagia
Agios Georgios M.
Μονή Αγίου Γεωργίου
Taxiarchon M.
Μονή Ταξιαρχών
Agios Andreas M.
Μονή Αγίου Ανδρέα
Agios Nikolaos
Cape Aspros Gremos
DELION
Livadia
Λιβάδια
Arhilochou
Αρχιλόχου
Pr. Ilias
IERO AFRODITIS
Longovardas M.
Μονή Λογγοβάρδας
Ampelas
Αμπελάς
Cape Namoulis
Kandelia
Chalasmata
Livadia
Isternio
Ιστέρνιο
Analipsis
Fokas
Ormos Parikias
PAROIKIA
ΠΑΡΟΙΚΙΑ
Tris Eklissies
Elitas
Έλητας
Marathi
Μαράθι
Agioi Anargyroi M.
Μονή Αγίων Αναργύρων
Agia Pakou
Kostos
Κώστος
Glyfades Beach
Γλυφάδες
Beach
Kakapetra
Κακάπετρα
Choridaki
Χωριδάκι
ASKLEPIEION
PYTHIO
Agios Minas M.
Μονή Αγίου Μηνά
Agios Nikolaos
Tsoukalia Beach
Τσουκαλιά
Notias
Vounia
Βουνιά
Koukoumalefs
Κουκουμαλεύς
Thapsanon M.
Μονή Θαψανών
Gourles
Agios Ioannis M.
Μονή Αγίου Ιωάννη
Cape Antikefalos
Lefkes
Λεύκες
Κέφαλος
Kefalos Beach
Christou Dassous M.
Μονή Χριστού Δάσους
Prodromos
Πρόδρομος
Marmara
Μάρμαρα
Molos Beach
Molos
Μώλος
Cape Kratzi
Profitis Ilias
755
Agios Ioannis M.
Μονή Αγίου Ιωάννη
Agios Ioannis M.
Μονή Αγίου Ιωάννη
Agios Antonios
Καλογεράς
Kologeras Beach
Psychopiana
Ψυχοπιανά
Ag. Pandes
Agioi Pantes
Agia Kyriaki M.
Μονή Αγίας Κυριακής
Marpissa
Μάρπησσα
PETALOUDES (Butterflies)
ΠΕΤΑΛΟΥΔΕΣ
Stroumboulas
Tourlos
Τούρλος
Pisso Livadi
Πίσω Λιβάδι
Agios Charalambos
Άγιος Χαράλαμπος
Smirigli
Λογαράς
Logaras Beach
Aneratza
Ανεράτζα
Kampos
Κάμπος
Agios Georgios M.
Μονή Αγίου Γεωργίου
Vardia
Mersini
Pounda Beach
Πούντα
Messada Beach
Μεσάδα
Kamari
Καμάρι
Analipsis
Τσαρδάκια
Tsardakia Beach
Agioi Theodoroi M.
Μονή Αγίων Θεοδώρων
Νέα Χρυσή Ακτή
Nea Chryssi Akti Beach
Cape Choni
Kastelovouni
Χρυσή Ακτή
Chryssi Akti Beach
Dryos
Δρυός
MAKRONISSI
ΜΑΚΡΟΝΗΣΙ
Angairia
Αγκαιριά
Αλυκή
Alyki
Aspro Chorio
Άσπρο Χωριό
Ormos Driou
Ormos Alykis
Αλαντώνης
Lolandonis Beach
Cape Pyrgos
Glyfa
Γλυφά
DRYONISSI
ΔΡΥΟΝΗΣΙ
Cape Mavros Kavos
Φάραγγας
Farangas Beach
Trypiti Beach
Τρυπητή
ANTERONISSIA
ΑΝΤΕΡΟΝΗΣΙΑ
N
EON PELAGOS

nur nach 02.00 Uhr unterbrochen werden.

Von Paroikia aus kann man im Sommer mit kleinen Booten übersetzen.

Die Überfahrt dauert länger, etwa eine Stunde, ist aber interessanter, da die Fahrt an den kleinen Inseln vorbeigeht, die zwischen Paros und Antiparos liegen.

Von Paros nach...

Paros ist mit vielen Inseln der Ägäis verbunden. Für weiter Auskünfte steht das Hafenamt in Paros zu Verfügung.

WO MAN WOHNT

In Paros gibt es eine große Zahl von Unterkünften aller Art und jeder Kategorie, wobei jede den ihm angemessenen Komfort bietet.

Hotels der 1., 2., 3., 4., und 5. Kategorie, Bungalows, möblierte Ferienwohnungen Pensionen, Fremdenzimmer, selbst Luxusvillen.

An vielen Stränden gibt es Campingplätze für die Liebhaber des Camping.

Hotels, Fremdenzimmer und organisierte Campingplätze gibt es auch auf Antiparos.

Die meisten Unterkünfte sind von April bis Oktober geöffnet.

Im Anhang findet man einen Katalog der Hotels der 1., 2. und 3. Kategorie sowie der organisierten Campingplätze beider Inseln.

Unterhaltung-Sport-Unternehmungen

Es gibt viele Möglichkeiten, die Abende auf Paros angenehm zu verbringen: Traditionelle Tavernen, Restaurants mit westeuropäischer Küche, Ouzerien, Bars, Discos und vieles mehr. Auch in Antiparos findet man genügend Restaurants, Bars und Discos.

In Paros werden Möglichkeiten für Wassersport geboten (Wasserski, Segeln, Surfen) und es gibt Tennisplätze in den größeren Hotels.

Es gibt Wandermöglichkeiten und Radsport, allerdings sollte man die Mittagshitze meiden.

Im Juni werden von der Gemeinde Archilochos (Marpissa) Mountainbike-Wettkämpfe abgehalten. Die Teilnehmer folgen der byzantinischen Straße und

haben zum Ziel Piso Libadi.
In Paroikia gibt es einen Fahrradclub. Wer es wünscht kann sich die Sehenswürdigkeiten von Paros auch zu Pferd erreiten (Rundritte werden von Reisebüros organisiert).
Reisebüros organisieren während der Sommermonate auch Ausflüge nach Mykonos und Delos, nach Santorini, Naxos, Siphnos und Seriphos.
Wanderungen und Radsport werden auch in Antiparos angeboten, nur sind die Entfernungen hier kürzer.
Das Baden an den sauberen Stränden von Paros und Antiparos ist wohl für alle Besucher ein Vergnügen.
Die Häfen von Paroikia, Naousa und von Antiparos versorgen Yachten mit Treibstoff und Wasser.
In einem der vielen Büros auf Paros kann man ein Auto oder Motorrad mieten, die Reisebüros von Paros und

Antiparos organisieren Ausflüge zu den Sehenswürdigkeiten der beiden Inseln.

Erzeugnisse aus Paros

Eines der Inselerzeugnisse, das zu kaufen ist, ist der typische parische Wein, hergestellt von der Weinkooperative Paros und den anderen Winzern der Insel.

Außer diesen Weinen stellen viele Familien auch ihren eigenen Wein her. Weiterhin gibt es Ouzo, Feigenschnaps, Kapern, Örtliche Butter, schmackhaften Thymianhonig Zwiebackkringel und die bekannten parischen Käse.

Die Küche von Paros

Die parische Küche spiegelt etwas von der Würze und dem Salz des die Insel umgebenden Meeres wider.

Bei vielen Gerichten finden die Produkte des Meeres wie Fisch, Tintenfisch, Calamares, Sepia, Seeigel, die geschlürft wie das Meer schmecken, Verwendung. Es fehlen aber auch nicht die erdgebundenen parischen Gerichte: In der Pfanne gebackene Bällchen aus Kichererbsen, Pilzbällchen, Buletten aus Zuccinis und Zwiebeln und die auf den Kykladen so beliebten Tomatenbällchen.

Es gibt Salate aus Wildkräutern, Teigtaschen mit Kräutern, mit Bohnen, mit Spinat und Gemüsen.

Hühnersuppe wird früh am Morgen nach einem Fest verabreicht, um dem Kater zu begegnen, man ißt ein Schneckenfrikassee oder Gegrilltes mit Knoblauchpaste.

Nicht wegzudenken vom parischen Tisch sind die verschiedenen Käse, die als Weich- oder Hartkäse auf der Insel erzeugt werden: Der süßliche Myzithra und der saure Myzithra, der Weißkäse, der Ölkäse, der Touloumisio, der Graviera. Aber auch Wurstwaren gehören zum Angebot.

Die Mahlzeiten werden immer von dem bukettreichen Wein der Insel begleitet.

Paros bietet auch eine große Auswahl an phantasievoll hergestellten Süßigkeiten. Nur einige wollen wir

anführen: Sirupteilchen, Raviola, Skaltsounis, kandierte Feigen, süßes Weihnachtsgebäck, Käsetaschen, Milchteilchen und verschiedenes Mandelgebäck.**

Kirchweihfeste und Veranstaltungen

In Paroikia und den übrigen Orten von Paros finden das ganze Jahr über viele kirchliche Feiern statt, die mit traditionellen Festen verbunden werden. Weitere Veranstaltungen sind sowohl für die Einheimischen als auch für den Besucher interessant.

KIRCHWEIHEN

Am 2. Februar findet in Naousa eine Kirchweih statt. Dieser Tag ist in Naousa Feiertag.

Im Juni organisiert die Gemeinde Marpissa eine Kirchweih in Piso Libadi.

Im Juli gibt es folgende Kirchweihen: Am 17. Juli in Kostos und in Antiparos, am 27 Juli wiederum in Kostos.

Eine der bekanntesten Kirchweihen ist die der Katapoliani am 15. August in Paroikia. Sie ist in ganz Griechenland bekannt und viele Gläubige versammeln sich an diesem Tag.

Der kirchlichen Feier folgen Volkstänze, Musikaufführungen, ein Feuerwerk und die beleuchteten Schiffe im Hafen geben dem Fest eine besondere Note.

Am 23. August wird eine große Kirchweih in Naousa veranstaltet. Gleichzeitig wird der überfall des Piraten Barbarossa auf die Stadt dargestellt (siehe auch: örtliche Veranstaltungen).

Am 27. August findet eine große Kirchweih in Ampela statt. Gemäß ei-

** Souma ist ein alkoholisches Getränk aus Weintrester, das in Paros hergestellt wird. Der Trester, der von den Pariern „Strophilla" genannt wird, wird in einem Faß mit Wasser aufgefüllt und nochmals durchgetreten. Dann wird das Faß fest verschlossen und bleibt etwa zwanzig Tage lang stehen. Danach wird der Inhalt destilliert. Das Destillat wird in Paros „Souma" genannt. Dieser Souma wird dann wiederum in verschließbare Fässer abgefüllt, Anis wird hinzugegeben, das Faß wird dicht gemacht und nach einiger Zeit enteht daraus der Ouzo.*

***Die Auskünfte über den „Souma" und die parische Küche stamme aus dem Buch von Ypapantes K. Roussou und Lefteri P. Menegou „Tis Paros oi Nostimes".*

ner überlieferung backen die Hausfrauen von Naousa am Vorabend Kuchen, die zu dem Kirchenheiligen gebracht werden.
Am 28.-29. August findet die Kirchweih der Kirche Ag. Ioanni in Naousa statt.
Am 8. September findet eine Kirchweih in Marmara statt.

VERANSTALTUNGEN

An Fastnacht organisiert die Kapelle Naousa Paros in Naousa die Parische Fastnacht mit traditionellen Gebräuchen, Tänzen, Spielen und Festen.
Von März bis April organisiert der Theaterverein von Naousa den Theaterfrühling. Theateraufführungen gibt es in Naousa und Marpissa.
Zu Ostern finden in Marpissa, von der Gemeinde organisiert, am Karfreitag Wiederauferstehungsfeiern und Osterumzüge statt. Ähnliches organisieren auch die Gemeinden Prodromos, Marmara und Leukai.
Am Ostersonntag findet in Marpissa das Ostern der Liebe statt. Es ist ein Fest mit Speis und Trank und Tanz.
Am Nachmittag des gleichen Tages wird von Naousa auf dem Hauptplatz ein Fest mit Musik und Tanz organisiert.
Am 23.-24. Juni werden traditionelle Feste in Prodromo, Naousa und Paroikia veranstaltet.
Im Juni, Juli, August und September werden Volkstänze in Naousa gezeigt, die Kapelle Naousa Paros veranstaltet

jeden zweiten Sonnabend auf dem Vorplatz der Kirche Phaneromeni die Darstellung einer parischen Hochzeit mit Musik.
Am ersten Sonntag im Juli wird das Fest "Wein und Fisch" in Naousa begangen. Es wird gefeiert und getanzt, Fisch und Wein sind frei.
Im August wird in Naousa der Überfall des Piraten Barbarossa auf die Stadt dargestellt.
Die Fischer mit ihren Booten machen dieses nächtliche Spektakel besonders eindrucksvoll. Anschließend wird mit Musik und Tanz gefeiert.
Im Dezember wird in Paroikia ein Weihnachtsbazar abgehalten. Am letzten Wochenende vor Weihnachten wird in Naousa die Parische Weihnacht mit Musik aus ganz Griechenland abgehalten.
Bei all diesen Anlässen dokumentiert sich die Verbundenheit der Einwohner von Paros mit den Traditionen ihrer Insel.
Noch heute halten sie an den alten Tänzen und Liedern fest, aus denen die Liebe zu der Insel und die Verbundenheit mit dem Meer sprechen.
In den Sommermonaten wird in Paroikia und Naousa in kultureller Hinsicht viel geboten. Es werden Seminare über Malerei, Dichtung und Schriftstellerei abgehalten, in Naousa finden in den Räumen der Ag. Athanassios und der Galerie Adam

Ausstellungen statt, desgleichen in Paroikia im Kulturverein Archilochos. Bilderausstellungen sind im Sommer auch in Leukai zu sehen.
Die Insel des Skopas und des Archilochos hat ihre vieltausendjährige Kunstvergangenheit nicht vergessen. Sie hält an dieser Tradition fest und ist ein Ort für viele Künstler geblieben, die sich hier von der Muse küssen lassen.

Nützliche Telefone

PAROS (0284)

Gemeinde	21222
Polizei	23333
Touristenpolizei	21673
Hafenamt	21240
Olympic Airways	21900
Gesundheitszentrum	22500-3

ANTIPAROS (0284)

Polizei	61202
Gemeinde	61218
Landarzt	61219

KATEG.	NAME	TEL.	BET.
	ALYKI		
A	NARKES	91392	144
C	ANGELIKI	91339	26
C	APHRODITE	91249	48
C	GALLATES	91355	37
C(F)	PHOIBOS	91466	32
	AMPELAS		
C	AMPELAS	51324	32
C	ELEN	52057	39
C	CHRISTIANA	51573	35
	DRYOS		
B(F)	ANEZINA VILLAGE	41037	30
C	ANEZINA	41037	26
C	AVRA	41016	18
C	IBI	41015	23
C(F)	KALAMIES	41850	29
C(B)	SEBIOU	41932	28
C	JULIA	41494	23
	KOLYBETHRES		
A	ASTIR OF PAROS	51976	112
	LEUKAI		
A	LEVKES VILLAGE	41827	35
C	PANTHEON	41646	28
	LOGARAS		
C	AKTAION	41098	36
C	ALBATROS	41157	72
	NAOUSA		
A(F)	ORION	51989	14
A	PORTO PAROS	52010	242
B	ANTIRIDES	51711	
B	ARKOULIS	52462	42
B	HIPPOKAMPOS	51233	94
B	KONTARATOS BEACH	51693	70
B	CHROMA	52690	42
C	ALIRANTES	51571	29
C	ATLANTIS	51340	58
C(F)	VILLA ADONIS	51462	74
C	GALINI	51210	22
C	KABOS	51367	25
C	KALYPSO	51488	46
C(HB)	KOUROS	51000	98
C	MARIE	51201	31
C	MANOS	51114	44
C	MANTO	51590	29
C	MARINERO	51751	40
C	MINOA	51309	51
C	NAOUSA	51283	19
C	NIREAS	51249	29
C	PAPADAKIS	51643	36
C	PETRES	52467	32
C	SWEET HOME	51633	56
C	CHRISTINA	51017	21
C	FOTILIA	52582	27
	PAROIKIA		
A(B)	IRIA	24154	109
B	ÄGÄON	22153	82
B	APOLLON	22364	43
B	ERI	23360	80
B	XENIA	21394	44
B	PANDROSOS	22903	88
B	POLOS	22173	83
B	PSILOS MILOS	23581	26
C(HB)	AKROTIRI	22261	48
C	ALKION	21506	46
C	ANESIS	22453	15
C	ANNA	21713	14
C	ARGONAUTES	21440	28
C	ARGO	21367	70
C	ARIAN	21490	24
C	ASTERIAS	21797	73
C	VAGIA	21068	
C	GALINOS	21480	65
C	PANNES		
	ANTIPARIOTES	22797	45
C	GEORGI	23880	63
C(F)	GEORGIS ETZIAN VILLAGE	23187	58
C	GRIVAS	22086	48
C	DELION	21479	29
C	DOUKISSA	22442	40
C	IRINI	21476	35
C(F)	ENNEA MOUSES	22372	16
C	HERMES	21217	40
C	JANET	22063	27
C	KAPETAN MANOLIS	21244	25
C	CIRCE	22035	12
C	KYKLADEN	22048	31
C	LOUISA	21480	22
C(F)	MALAMAS	23440	41
C	MARINOS	22735	45
C	NIKOLAS	22251	83
C	OASIS	21227	33
C	PANORAMA PAROS	22829	60
C	PARIAN VILLAGE GEORGI	23186	54
C	PAROS	21319	26
C	PAROS BAY	21140	
C	PLATANOS	24262	23
C	PYRGAKI	22768	42
C	STELLA	21502	38
C	FRANZIKUS	22555	26
	PISO LIBADI		
A(F)	ARKAS INN	41085	21
C	ANDROMACHE	41387	29
C(F)	AFENTAKIS	41141	25
C	VICKY	41277	28
C	KORALLE	41289	24
C	LITO	41283	28
C	LOGARAS	41389	16

OTELS • HOTELS • HOTELS • HOTELS • HOTELS • HOTELS

TEG.	NAME	TEL.	BET.
	LONTOS	41218	48
	MARPISSA	41288	21
	PISO LIBADI	41309	24
	SAN ANTONIO	41511	33
	POUNTA		
	HOLIDAY SUN	91284	116
	ZARDAKIA		
	PAROS FILOXENIA	41778	80
	SILVER ROCKS	41244	75
	CHRISY AKTI		
	Amaryllis		

KATEG.	NAME	TEL.	BET.
	Beach	41410	59
C	Golden Beach	41366	52
	ANTIPAROS		
C	Artemis	61460	57
C	Galini	61420	29
C	Dimitra	61474	33
C	Magdalena	61206	64
C	Chrisi Akti	61206	17

CAMPINGS • CAMPINGS • CAMPINGS	
KOULA	
Paroikia	22081
KRIOS	
Paroikia	21705
ALYKI	
Alyki	91303
NAOUSA	
Naousa	51565
SURFING BEACH	
Santa Maria	52491
ANTIPAROS	
Agios Ioannis Theologos	

ANMERKUNG

Es gibt auch Hotels der D und E Kategorie und Zimmervermietungen.
Nähere Auskünfte bei der örtlichen Polizei.

F= Möblierte Ferienwohnungen
B= Bungalows
HB= Hotel mit Bungalow
TS=Im traditionellen Stil möbliert
TH=Hotel im Traditionellen Stil

BIBLIOGRAPHIE

Adam(Verlag): Burgen und Schlösser der Ägäis
Aliprantes Th.: Die Hunderttürige von Paros
Vasiliades D.: Mosaik der neugriechischen Mythen, Athen 1986
Gkikas G.: Burgen-Reisen, Athen 1981
Gemeinde Paros: Geschichte von Paros und Antiparos-Themen parischer Volkskunst
Verlag Athen: Griechische Mythologie
Verlag Athen: Biographisches Lexikon
Zaphiropoulou F.: Paros, Athen 1998
Korres G.: Kykladen(Neolithikum, Frühkykladische Zeit) Athen 1976
Melissa (Verlag). Architektur der Kykladen (Band 2)
Metsane A.: Ikonen und Kleinode aus der Sammlung der Ekatontapylianis von Paros,
Athen 1996
Orlandos A.:Die jüngste Renovierung der Katapolianis von Paros, Athen 1965 (Untersuchung)
ARCHÄOLOGIE, Heft 15
Petrochilou A.: Griechische Höhlen, Athen 1985
Roussou Y. und Menegos L.: Parische Köstlichkeiten
Simopoulos K.: Fremde Reisende in Griechenland
Tarsouli A.: Die Katapoliani, Athen 1964

TEXT:
REGINA MOUSTERAKI

VERLAGSDIREKTION:
KOSTAS ADAM

LAYOUT:
TH. ANAGNOSTOPOULOS, TH. PRESBITIS

ÜBERSETZUNG:
JÜRGEN FEUSSNER

FOTOS:
K. ADAM, G. GIANNELOS, B. BOUTSAS

INTENDATUR:
NORA ANASTASOGLOU

HERSTELLUNG - DRUCK - BINDEARBEITEN:
PERGAMOS S.A.